道と日本史

金田章裕

日経プレミアシリーズ

はじめに

道とは、人や車などが行き来して人の移動と物の運送が行われる、連続した帯状の空間である。人や物が目指す方向に対応して、いくつもの道が分岐したり、合流したりしているのも道の特徴である。

シュライバー『道の文化史』（関楠生訳、岩波書店、一九六二年）は、「道は人間のもっとも素晴らしい創造の一つである」と述べ、先史時代に始まるユーラシア各地の多様な道には「自然の道、改修された自然の道、建設された道」があったと指摘している。

日本においても、計画的に真っ直ぐに建設された道があれば、必要に応じて成立した、経緯や形状の複雑な道もある。また、遠くへ向かう道か、市街地の中の道かなど、さらにその機能によっても、交通手段によっても、道の状況はさまざまであった。本書の目的は、このような日本の道について、さまざまな時代や場所における、いろいろな役割と特徴、およびその成立と変化の特性についてたどることである。

シュライバーが紹介する「建設された道」とは、多くが石敷の舗装道路であった。現代のわれわれもまた、アスファルトであれコンクリートであれ、道路とは基本的に舗装されているイメージであろう。実際に、例えば水田地帯の農道であっても今やほとんどが舗装されている。例外は山中の登山道や、農道の先端などの、車の入れない狭い部分に過ぎない。そうでなければ、意図的に設定された遊歩道ぐらいであろう。われわれはどうしても、現在の道の状況から、過去の道を想像してしまうことが多いのではないだろうか。

しかし、日本で道が舗装されたのは、一部の例外を除き近代以後であった。日本の道は、歴史的にみて際立った特徴を有していたのである。とりわけ注意したいのは、近世以前の日本では、人々は基本的に草鞋《わらじ》を履いて道を歩いたことである。しかも馬さえその例外ではなかった。大雑把に表現すれば、常に馬車が行き来した旧大陸世界の道や、その延長にあった新大陸世界の道と大きく異なり、草鞋による歩行が中心であったことが、日本の道のあり方に強くかかわってきた。

本来、道とはいろいろな場所を結びつけるものであり、それによって私たちは目的の場所へとたどることができる。敷地内などの限られた範囲の道を除けば、場所を結びつける距離は、数百メートル程度の場合もあれば、数百キロメートルという場合もあって、きわめて多様である。

道幅、また用途や形状なども非常に多様である。それぞれの時代における整備や管理の状況を反映して、道のあり様は極めて多彩であった。小著では、このような日本の道のあり方の歴史をたどってみたい。

まず第1章「全国に張り巡らされた古代ハイウエー」では、古代の都を中心に畿内・七道諸国に巡らされた官道網とその改変、古代の行政や税の運送における道、さらに中世の京・鎌倉間の交通や、いわゆる鎌倉街道など多くの人々や武士団が行きかう道、および室町時代から戦国時代の道のあり様、織豊期の道路建設の状況などの動向を探る。

第2章「細くなり、曲がりくねっていく中世の道」においては、古代都城の計画的街路と、それが中世に次第に変化した状況や、中世の市街に伴ってできた街路、さらに近世城下における街路の整備状況およびその特性を探りたい。

第3章「あえて難所を残した江戸幕府」では、古代から近世にかけての人流と物流の道について、あるいは日常と非日常の道、それらの機能と構造の変化などの例を取り上げる。加えて荷を積んだ牛車を通す、石敷の車道《くるまみち》の例も眺めたい。その上で、近世の街道のあり様と、その整備の状況についても触れたい。

第4章「日本では馬も草鞋を履いていた——外国人が見た日本の道」では、近世以降の日本における伝統的な道の構造についてのヨーロッパ人の報告や、近代における道の構造と道路網の変化に注目したい。特に交通手段の変化による強い影響と、現在の道路状況への転換について述べたい。最後には、新たに建設された鉄道や、現代の特徴的な道路についても言及しておきたい。

目次

第2章　細くなり、曲がりくねっていく中世の道……………… 81

第　1　章

全国に張り巡らされた古代ハイウエー

1　発掘で見えてきた古代の直線官道

七世紀の記録にある「大道」

『日本書紀』推古天皇二一年（六一三）十一月条に「難波より京に至るまで大道を置く」と記されている。推古天皇の時期、大規模な道路建設を実施したとの推定にかかわる最初の記事である。

難波よりの「大道」が具体的にどこなのかはこの表現からは不明であるが、この時点の宮とは大和（当時は「大倭」）の小墾田宮《おはりだ》であったから、難波から大和へ至る道と考えられる。

具体的には、孝徳・斉明天皇（六四五〜六六一）時の難波宮跡《なにわのみや》から真っ直ぐ南へ延びる計画的な道の痕跡を、かつての「難波大道《なにわたいどう》」であったとする研究者が多い。しかし、そのルートが東の大和の方向へ屈曲した先には諸説あって、必ずしも研究者の見解は一致していない。

有力な説は、小墾田宮跡が奈良県明日香村雷丘《いかづちのおか》の麓付近に位置する雷内畑《いかづちうちばた》遺跡であった可能性などをもとにした、大和の南部を東西走し、難波から明日香（飛鳥）に向かう「横《よこ》大路《おおじ》」に関わるとの考えである。この横大路へ行くには、「難波大道」から河内南部を東に向かい、二上山《にじょうざん》付近を越えて大和へ入る後の竹之内街道のルートを経ることになる（図1―1）。

さらに『日本書紀』白雉《はくち》四年（六五三）には、「処々の大道を修治《つく》る」との記事がある。この頃には各地で計画的なルートの直線道が建設されたと考えられている。七世紀には、幹線道路の建設が進んだとの理解である。

八世紀中ごろには、各国で大規模な土地計画である条里プラン（一辺一町〈約一〇九メートル〉の正方形を基本とした土地の呼称と区画）が成立したが、それは計画的な直線官道を基準に施行されているケースが多い。従って条里プランに先立って、七世紀頃に計画的な直線の官道が建設されていた可能性は高い。

また『日本書紀』天武元年（六七二）条には、壬申の乱の行軍に際して、近江軍が河内の「大津・丹比《たじひ》両道」より進軍してきたとか、東軍（大海人《おおあま》皇子軍の主力）の行軍を、「乃楽《なら》」の「上・中・下道」のそれぞれに相当する、「上道に当たりて」、あるいは「中道より」、などの記述がある。

この大津道や丹比道は、いずれも難波大道と直交して大和へ向かう八尾街道や長尾街道に

図1-1　主要道と諸京の位置

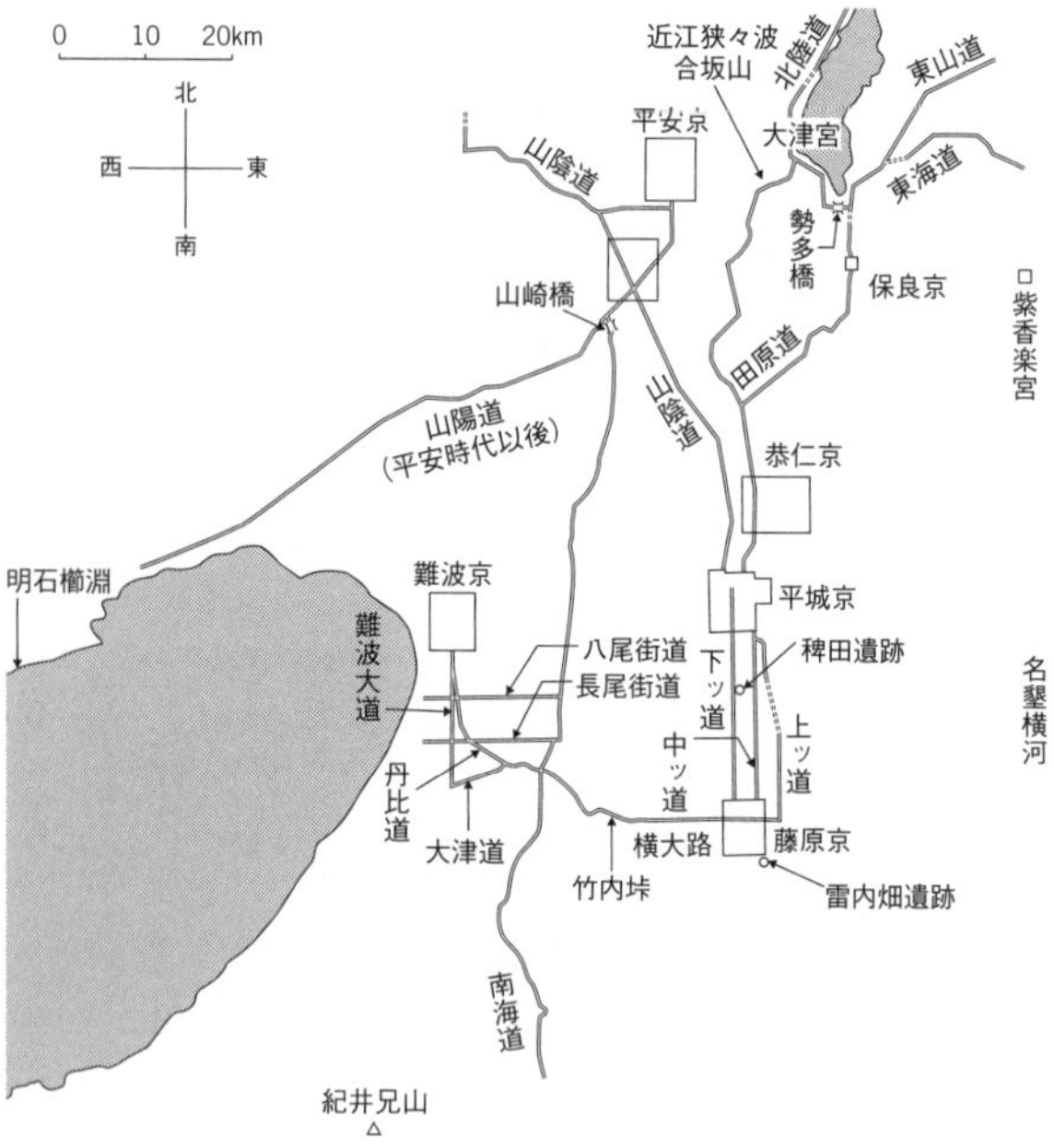

（出所）足利健亮原図（一部加筆）

あたるとして、やはり計画的・直線的な東西道であったとする見方がある。ただし大津道・丹比道のそれぞれに、さらに前身であった古道の存在を推定する考えもある。

一方、大和の上・中・下三道は、後の「上ツ（津）道、中ツ（津）道、下ツ（津）道」と考えられており、これらもまた直線の計画的南北道であった可能性がある。ただし、稗田《ひえだ》遺跡（大和郡山市稗田町）などの発掘調査で確認されている八世紀の下ツ道の遺構は、両側の側溝心々間の幅が約二四メートルであるが、壬申の乱の時点からすでにこの遺構と同じように存在していたものか否か、現在のところ考古学的には不明である。

畿内の範囲

八世紀初めの大宝律令によって、律令国家の地域制度が確立した。その後も若干の変更はあったが、一〇世紀初めの『延喜式』（民部上）は、その全体像を記している。図示すると図1―2のようになる。

このような五畿七道《どう》（五カ国からなる畿内と、七つの道への国々の分属）に所属する国々と区分は時期によって若干の変動をしたが、同図のような『延喜式』記載の状況はその結果である。

図1-2　『延喜式』の五畿七道

　畿内の範囲が最初に設定されたと記されているのは、「大化改新詔」（『日本書紀』大化二年〈六四六〉条）である。ただし『延喜式』のような五カ国からなる畿内の範囲ではなく、「名《な》墾《ばり》横河《のよかわ》・紀伊《きい》の兄山《せやま》・明石《あかし》の櫛《くし》淵《ぶち》・近江《おうみ》狭々《ささ》波合坂山《なみのあふさかやま》」という地点で表示された、東・南・西・北の四至（しし、しいし）内という設定であった。
　これを地図上で確認すると、すでに拙著『地形で読む日本』（日経プレミアシリーズ）で述べたように、この時期の孝徳天皇の宮であった長柄豊碕宮《ながらのとよさきのみや》を中心にほぼ半径五〇キロメートルの範囲となる。

次いで大津宮の時代には、近江国の周囲に「愛発《あらち》・不破・鈴鹿」の三関が設定され、これらとは別に設置された「高安城」を加えて実質的な四至であったと推定されるが、やはりこれも大津宮を中心にほぼ五〇キロメートルの畿内の範囲となる。四カ国（後に和泉監《げん》が立国して和泉国となり、五カ国）を基礎とした畿内国の確定は、『日本書紀』によれば天武四年（六七五）のことであった。

さらに天武一四年には、「東山道・東海道」の範囲を規定したと記され、さらに「畿内・東海・東山・山陽・山陰・南海・筑紫」等の「使者」の記事がある。この記事に北陸・西海両道の名称は見られないが、これ以前の白雉五年（六五四）には「西道使」が見えるので、このころには七道がそろっていたのかもしれない。

これ以前には、この記事にみえる「筑紫」はじめ、『延喜式』の国や道とは別の単位ないし呼称も使用されたようである。天武一四年条に北陸道が見えないことは前述のとおりであるが、それ以前の天智七年（六六八）に見える「越国」や「越之路」などと表現された越国は、後に越前（分置した加賀国と、一時越中国に属した能登国を含む）・越中・越後の三カ国に区分され、さらに越後から出羽国が分置されたことを想起すれば、「越国」とは実質的に北陸道と大差がない範囲であった。

なお北陸道に限らず、もともと広域に及んだ国が、京から近い順に、前・中・後、あるいは上・下等に分割されてそれぞれが一国となった例は多い。

また『日本書紀』には、「東国」の表現が散見することも別の地域単位に関わる可能性がある。ただし大化二年には、「東方八道」との表現も見られ、この場合の「道」は『延喜式』の「七道」とは異なった対象であったと思われる。

いずれにしても天武一四年条の各道への「使者」は、何らかの政治・行政上の任務を帯び、道はその範囲であったとみられる。ただしこの後、例外を除いて七道の各道は、これに類する常設の行政単位とはならなかったとみられる。

この例外とは西海道である。西海道に設置された「大宰府」は、職員令によれば帥《そち》を長官とし、最下位の少典《しょうさかん》に至る、定員一二人の官人で構成され、式部省（定員一一人）を超える最大規模の官司であった。大宰府の名称が大宝二年（七〇二）に出現するまで、「筑紫都督府」（天智六年〈六六七〉）、「筑紫大宰」（推古一七年〈六〇九〉など）といった名称として設置され、一貫して西海道各国のとりまとめとともに、大陸との外交にあたっていた。

ただし、このような西海道の大宰府が例外的な常設官司とはいえ、道を単位とした役職はほかにも存在した。例えば、『続日本紀』天平宝字四年（七六〇）四月に「南海道巡察使」が任ぜられて「民俗を観察し、すなわち校田につく」業務を任としたことが知られるから、南海道では巡察使が所属国の巡察と校田（田籍の確認）にあたったことになる。

さらに『日本紀略』延暦一四年（七九五）七月には、「畿内七道巡察使を任ず」という記事が見えるので、「五畿七道」のそれぞれが、先の南海道にみられたような、臨時に巡察を実施する単位となっていたことがわかる。

さらに『延喜式』において近・中・遠に区分された国々には、遠国のうちに「辺要」とされた国々が見られる。その原型と思われる表現は『日本書紀』に、蝦夷と境を接する「辺国」（大化元年〈六四五〉）として現れる。これもまた、七世紀中ごろ以後の国土認識であり、その変化を反映するものであろう。

七道とは領域名かつ官道名

七道のそれぞれは、国々の集合からなる領域名であると同時に、宮都から七道の各領域に延びる官営の道路（官道、あるいは駅路とも）の名称でもあった。

『日本書紀』にはすでに、「駅馬・伝馬」のことが見えるが、律令では「厩牧令《くもくりょう》」において、

「卅（三十）里毎に一駅を置く」と、三〇里（約一五キロメートル）毎に駅を設定することを定めている。さらに、大路（山陽道）に駅馬二〇疋（頭）、中路（東海道・東山道）に一〇疋、小路（それ以外の四道）に五疋、また伝馬を郡ごとに五疋と定めていた。駅には「駅長・駅子」が設定されて任務にあたった。実際に駅の遺構も検出された例があり、小規模ながら官衙的構造であったことが知られている。

これらの官道は、平野部では基本的に直線道であったことが知られており、丘陵部等では切通し状をなしている例がしばしば確認されている。山陽道はじめ東海道や東山道などの大・中路では、路面の幅が一二メートル程度で検出される例が多く、これ以外の小路でも六メートル程度であった。発掘調査の事例については後に改めて述べたい。

『延喜式』が記す一〇世紀の官道網は、図1－3のような状況である。

例えば南海道の場合、淡路国を経て四国の阿波国東北部に上陸すると、郡頭駅《こおずのえき》から一方は阿波国府、一方は讃岐国へと分かれる。讃岐国を通過した本道は、分岐して一方は伊予国府に向かい、他方は伊予国東端の大岡駅から分かれて、土佐国府近くの頭駅《とうのえき》へと直行するルートである。

図1-3　『延喜式』の官道

（出所）『岩波日本史事典』による。

官道ルートの変更

　ところがもともとの官道は、阿波・讃岐・伊予・土佐国の順に、四国を左廻りに各国へと到達するルートであった。さらにこれに加えて、阿波国から土佐国への直接ルートが別に設定されていた。この結果、南海道は四国沿岸の平野を完全に周行する形となっていたのである（図1－4参照）。これが延暦一六年（七九七）に再度変更されて、『延喜式』のルートと

図1-4　南海道の変遷

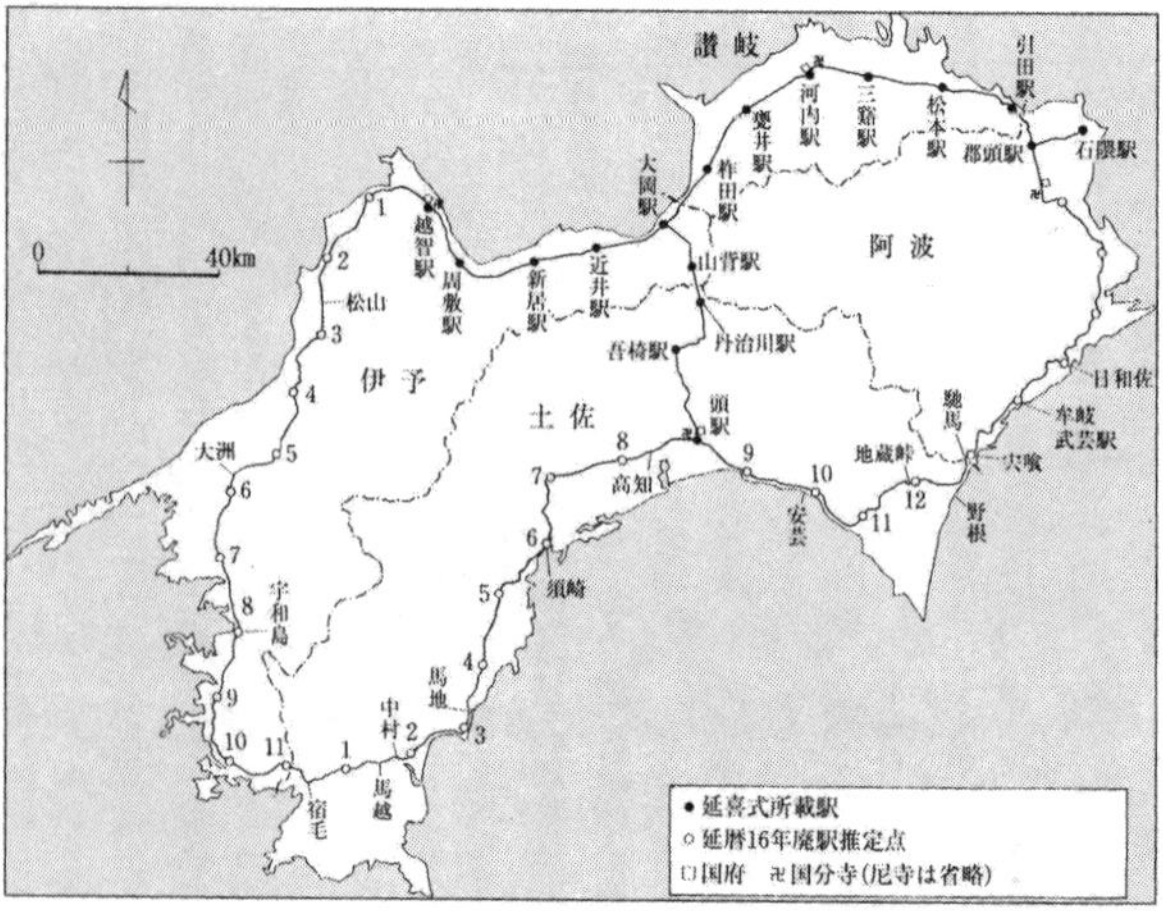

（出所）足利健亮による

なった。

　このような四国一周の官道のルートとその変遷の経過は、足利健亮によって明確に説明された。この変遷の経過について、『続日本紀』養老二年（七一八）五月七日条では次のような経過が記録されている。

　土左（佐）国言。公私使直指㆓土左㆒。而其道経㆓伊予国㆒。行程迂遠山谷険難。但阿波国境土相接。往還甚易。請就㆓此国㆒以為㆓通路㆒。許㆑之。

「土佐国が言上《ごんじょう》し、公私の使いが直接

土左（佐）を目指すのに、伊予国を経てくるので非常に遠く、また道中の山岳地帯が険阻で難路である。ところが阿波国からであれば隣接していて行き来が容易である。この国を通路としてほしい」と。そこで政府は、「これを許した」という経過であった。

言上された土佐国司の申し出を、後述のように巡察使などが検討し、そのうえで太政官が許可した、というのが実態であったと思われる。これによって、阿波国石隈駅から郡頭駅を経て讃岐・伊予国を経由した上で土佐国に至る、もともとのルートに加えて、郡頭駅から阿波国東部を経て土佐国に至るルートが設置された。その結果、四国を周回する官道が出来上がったことになる。

ところがこれより八〇年ほど後の延暦一六年（七九七）には、『日本後紀』に再び南海道の駅について、次のような記載がある。

廃㆓阿波国駅家□、伊予国十一、土左（佐）国十二㆒、新置㆓土左（佐）国吾椅、舟川（丹治河）二駅㆒

これによれば、伊予国と土佐国だけで計二三駅（阿波国は数不明）を廃止し、新たに土佐国に二駅を設置したとある。つまり、四国周縁を周回する官道ルートを廃止して、『延喜式』のように各国の国府への直行ルートへと変更したことが知られる。

　ルート変更の前年には「南海道駅路迴遠、使令難ㇾ通、因廃㆓旧路㆒通㆓新道㆒」と、ルートが遥遠であるので、旧路を廃止して新道を開設するとの勅（『日本紀略』）が発されている。またその前年には、先に述べたように「畿内七道巡察使」（『日本紀略』）が任命されていたことも想起したい。

　背景には先に紹介したように、まず土佐国からの言上があったことは確かであるが、さらに、この申し出を受けて京から直接巡察使が派遣され、道全体に関わる巡察使の報告があって、それがルート変更の直接の背景であったと考えられる。

　このような手順を経て、南海道の官道が再編された。左回りに各国を順にめぐるルートから、まず土佐への阿波経由のルートが加わり、次いで、各国へのそれぞれの短絡路へと変化したのであろう。

　北陸道の官道ルートもまた、南海道と同じ頃に変更されたとみられる。もともとの北陸道のルートは、まず近江国から若狭国へ向かい、次いで越前国以下の国々へと達していた。変更の結果『延喜式』では、まず近江国から越前国の松原駅（現在の敦賀市）に至り、そこから若狭国へと向かう支路をたどった。

この変更以前、若狭国の旧北陸道沿いには平城宮木簡の検出によって、「玉置・野・葦田」を含む、少なくとも四駅があったことが知られている。これらはいずれも、支路になった後の状況を記す『延喜式』ではすでに廃止されていたとみられ、濃飯・弥美の二駅（駅馬、各五匹）のみとなっていた。弥美駅は変更以前から継続していたと推定することによって、この変更が理解できる。とすれば若狭国を通過していた官道の一部分が、北陸道のルート変更によって松原駅からの支路となり、若狭国内にあった推定五駅が二駅へと減少したことになる。

ところが若狭国は、『延喜式』に北陸道諸国の筆頭に書き挙げられている。北陸道では若狭国だけが近国であり、越前国は中国であった。北陸道では若狭国が京から最も近いとされていたのである。『延喜式』段階の北陸道が、いったん越前国の敦賀郡に入った後で若狭国へ向かっているから、ルート変更以前の北陸道がたどった国の記載順がそのまま残っていたものと推定される。

藤原仲麻呂の逃亡ルート

例えば、『続日本紀』天平宝字八年（七六四）九月一八日条に記す藤原仲麻呂の乱は、このようにルートが変更される以前の事件であった。近江国・若狭国における仲麻呂一行の行程は変更以前の北陸道であり、次のようであった。

仲麻呂は平城京を逃れてまず、東山・北陸道を北上し、自らが守《かみ》を兼ねていた近江国府へ入ろうとしたが、孝謙上皇軍に「田原道」から先回りされて東山道の勢多橋を焼かれ、それをあきらめた（図1－5）。そこで一行は北へと転じて北陸道をたどり、息「辛加知《しかち》」が守を務める越前国府を目指した。その途中の近江国「高島郡」付近での行程は、次のように複雑であった（図1－6）。

① 高島郡に入り、「前少領（高島郡の郡司次官）角家足之宅」に「宿」した。
② その一方で、「精兵数十」を派遣して「愛発関《あらち》」に入ろうとしたが、「拒」まれた。
③ そこで、「船」に乗って「浅井郡塩津」へ向かったが、「逆風」で「漂没」しそうになって、おそらく引き返した。

図表1-5　藤原仲麻呂一行と孝謙上皇軍の行程（1）

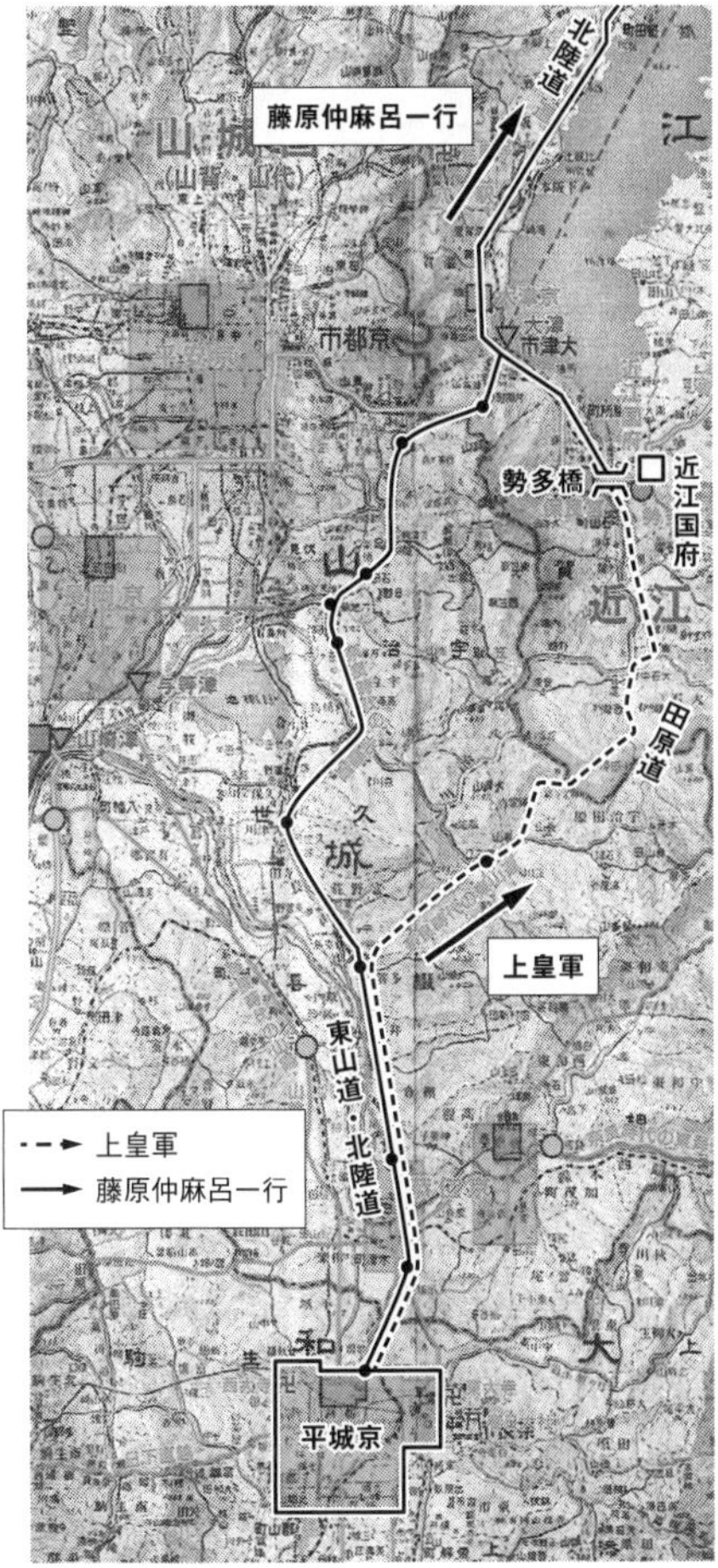

（出所）筆者作製

図表1-6　藤原仲麻呂一行と孝謙上皇軍の行程（2）

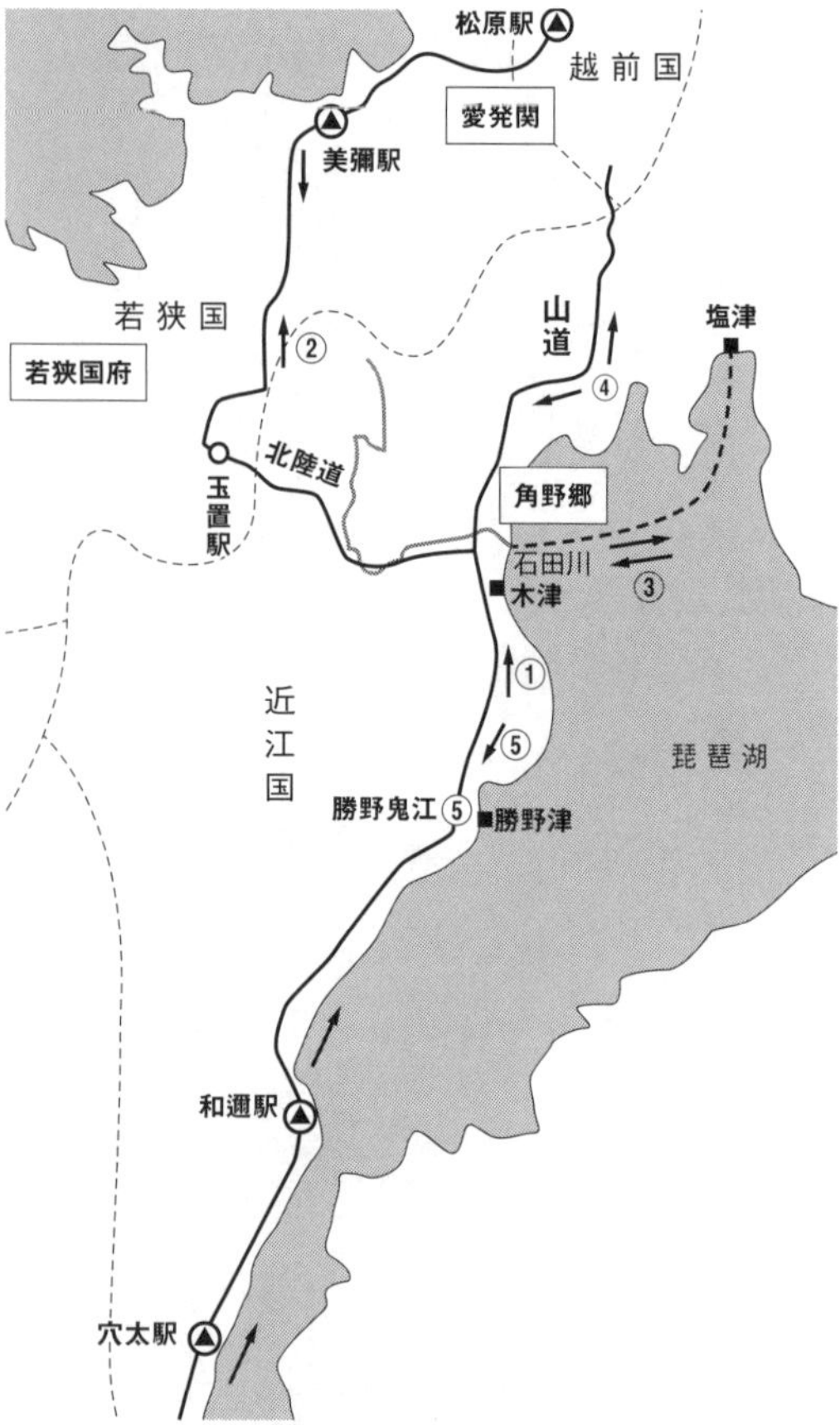

（出所）筆者作製

④ 今度は、「山道」をとってまっすぐ「愛発関」を目指したが、これも拒まれて、八、九人が箭《や》にあたって死んだ。

⑤ 北陸道を、「高島郡三尾埼《みお》」へ引き返した。「勝野鬼江《かちののおにえ》」で「官軍」と交戦したが「潰《やぶ》」れて、「妻子」三、四人と船に乗ったものの、「獲」えられて「斬」られた。さらに妻子の「従党」三四人も「斬」られた。

以上の経過からすれば、一行は少なくとも②のように精兵数十、⑤のように妻子と従者三四人を含んでいたことになる。

このように、仲麻呂一行の妻子を含む大勢の行列は、まず近江国府に向けて官道（東山道、途中まで北陸道と一体）を進み、近道である「田原道」をたどっていない。おそらく北陸道に入ってからも同様に、整備の良い官道を進んだものであろう。

従って、②の高島郡から「精兵」が目指した「愛発関」へのルートとは、仲麻呂一行がそれまでたどった経緯からして、図１－６にみられる八世紀の北陸道のルートであろう。これが「愛発関」軍に退けられたので、③のように一旦湖上を「塩津」へ向かおうとしたが、逆風で沈没しそうになったので引き返した。その後改めて、④の「山道」から「愛発関」を目指そうとしたことになる。

つまり、「愛発関」へ向かう「山道」は当時すでに存在したことになるが、それは「山道」と表現される道であり、北陸道の官道そのものではなかった。

すでに述べたように、平安時代に入ってから官道のルートが変更されて、この「山道」が新しい官道のルートとされたものであろう。その結果、近江国から若狭国へは、一旦越前国の敦賀平野へ入って後に、分岐した支路で向かうこととなったのである。

このルート変更についても、南海道のルート変更に類似した、律令政府による査察があったものとみられる記事がある。南海道の場合と異なって「巡察使」ではないが、延暦一四年（七九五）条における「左兵衛佐橘入居」を「近江若狭両国駅路」の「検察」に派遣した記事（『日本紀略』）がかかわっているとみられるのである。

先に述べたような、近江国の湖西から若狭国にまず入る、もともとの北陸道のルートから、『延喜式』段階のようにいったん越前国松原駅へと向かい、若狭国へ支路を分岐させるルートへの変更があったことになる。これには若狭国だけではなく、近江国においてもルートおよび駅の改廃が必要となったであろう。

このように、「近江若狭両国駅路」に任を特定した「検察」使の派遣は、経路変更のために不可欠な過程であったと思われる。『延喜式』記載の近江国「鞆結《ともゆい》」駅は、近江国三尾駅から敦賀の松原駅への中間地点に、ルート変更に伴って新設されたものであろう。

新道建設工事の記録

とすればこの『延喜式』の新しいルートにおいて、越前国の駅には直接の変更がなかったが、新しい官道そのものは近江国から直接、越前国へと入った。しかも、その新しい官道部分の造成工事について、史料に見える次の事業が関わっていた可能性がある。

天長七年（八三〇）に「越前国正税三百束《そく》（穎稲、米一五〇斗相当）」と「鉄一千廷（挺）」を充当して「鹿□保険路」を作ったという記事（『類聚《るいじゅう》国史』）である。三〇〇束の稲と鉄一〇〇〇挺《ちょう》とは、道路工事にふさわしい糧食と工具の量であろう。労役に徴発された人々の糧食を、仮に一日二把《わ》（現・米約八勺相当）とすれば、延べ一五〇〇人分の糧食となり、一〇〇〇挺もの鉄製工具を使用する工事にふさわしい。

しかもこの二年後の天長九年には、越前国が再び正税三〇〇束を充てた「荒道山道」の工事（『類聚国史』）の記事がある。

「鹿□保険路」と「荒道山道」が、それぞれどこに相当するのかは特定できないが、少なくとも後者は普通名詞であり、山越道であったことは確かであろう。前者の「険」路、つまり険しい道、という表現とも矛盾はしない。先に述べたように、これは藤原仲麻呂一行がたどった、先の④の「山道」に該当する可能性が高い。これらがいずれも、近江・越前国境付近の山越えの新道工事にかかわると推定しておきたい。

以上の南海道と北陸道の例のように、官道体系はもともと各道の諸国を順にめぐる巡回ルートであった。それらが、該当の国からの言上、そこへの「巡察使」派遣、あるいは「検察」使の査察をへて、短絡ルートと支路を組み合わせるパターンへと変化した、と見てよい。

八世紀末~九世紀前半における、このような短絡ルートへの転換による官道網の変更は、駅数の減少による駅を維持する経費と負担の軽減策であったのみならず、各国府と京の連絡の個別的な短絡法でもあった。要するに京と各国の連絡を早く行うことが可能となると同時に、個別の国府と都の中央政府との間における緊密化につながったものであろう。

勢多橋の橋脚

もう一度、平城京から北へ向かった東山道・北陸道に戻りたい。山背（城）国を経て近江国に入るとほどなく、両道は二つに分かれる。勢多橋（大津市）を渡った東山道は琵琶湖東

写真1-1　勢多橋の基礎構造

（出所）滋賀県立琵琶湖博物館展示

岸を北西方向に向かう。

勢多橋は、天平宝字八年（七六四）に道鏡排斥の企てが発覚して近江国府へと逃げようとした藤原仲麻呂一行が、先回りした考謙上皇軍によって焼き払われたので、近江国府へ入ることをあきらめた、という経緯のある橋であったことはすでに述べた。瀬田川に架かった古代の橋という点でも重要であるが、勢多橋の八世紀の橋脚の基礎部分（写真1－1、上部の円柱は構造の見本）が発見されている点でも貴重である。

八世紀末に都が平安京に遷《うつ》ると、東海・東山・北陸の三道はともに平安京から東へ向かうこととなった。東への出入り口の変化については次章で述べたい。

この三道は近江国に入って、まず北陸道が琵琶湖西岸を北へと分岐し、次いで東岸の草津駅（草津市）で東海道が東へ分かれ、東山道は単独の官道となって、湖東を北東へとたどって美濃国へ向かうこととなった。

切通しの遺構も

この途中の甲良町尼子西遺跡（滋賀県犬上郡）で発見された東山道の遺構は、路面幅が一二メートル、両側の側溝の芯々間（中心と中心の間）で約一五メートルの直線道であった。さらに東山道の延長とみられる、群馬県佐波郡境町牛堀遺跡（伊勢崎市）では側溝芯々間一三・一～一三・四メートル、同町矢ノ原遺跡で一二・六～一二・九メートルであった。

さらに、この中間における長野県上伊那郡箕輪町では幅一五～一六メートルの切通し状の道路遺構が、群馬県安中市では幅約一五メートルの道路痕跡の地条が見られることが知られている。このような切通しの遺構は各地にあるが、西海道では写真1－2のように、佐賀県吉野ヶ里遺跡西方付近において現在でも地表で見られる。

さて東山道から、草津駅付近で分かれて東へ向かう東海道では、高野遺跡（滋賀県栗東市

写真1-2　西海道の切り通し（佐賀県吉野ヶ里遺跡西方付近）

（出所）筆者撮影

六地蔵）において、最近（二〇二一年）道路跡が検出された。二本の溝が平行した道路跡であり、溝の芯々間が一六メートルの広い（写真１－３）直線道であった。東山道の尼子西遺跡より道幅が広いが、その理由は不明である。平安京遷都後に建設された東海道であることは明らかであるが、斎王が伊勢国の斎宮に向かう官道でもあったことにかかわるのであろうか。

　東海道ではさらに、ＪＲ静岡駅東北方の静岡市曲金北《まがりかねきた》遺跡で長さ三五〇メートルにわたって、側溝芯々間一二メートルの直線道が検出されている。この官道遺構は盛り土をして路面を築

写真1-3　近江国の東海道遺構（滋賀県高野遺跡）

（出所）筆者撮影

造していることが特徴である。側溝は九世紀前半の火山灰によって埋没が進行しており、一〇世紀初頭には廃絶したと考えられている。

一方山陽道は、平城京からは西に向かい、河内国を経て摂津国へと入っていた。平安京への遷都後である大同二年（八〇七）の太政官符（『類聚三代格』）によれば、「摂津国五駅七十五匹、元駅別三十五匹、今減駅別十五匹」とあり、もともと五駅は駅馬各三五匹（頭）であったことが知られる。「廐牧令《くもくりょう》」には、山陽道を「大路、二〇匹」としていたから、それより多かったものを、「廐牧令」の基準以下にまで減じたことになる。

同官符に理由は記されていないが、難波宮は八世紀のある時期にも都として使用され、延暦三年（七八四）に長岡京へ遷都された折に、難波宮の大極殿等が移されたことが知られている。また太政官の官司であった「摂津職」が、通常の摂津国となるのはこれより遅く、延暦一二年（七九三）であった。平城京の時期に、これらが五駅各三五匹という、例外的な規模であったことに摂津職と摂津の機能が関わっていたという想定が可能であろう。

一〇世紀初頭の『延喜式』では、「摂津国駅、草野、須磨各十三匹、芦屋十二匹」とさらに減少している。

山陽道の官道跡は、高槻市嶋上郡家跡および、同市郡家今城遺跡で検出されている。いずれも路面幅約一〇メートルであったものが、九世紀中ごろ〜後半ころに、幅約六メートルに再整備されていたことが知られている。発掘調査によって知られる路面幅の縮小再整備の時期は、八世紀初めごろにおける山陽道駅馬削減の時期よりも、むしろ南海道のルート再編の八世紀末や、北陸道のそれの九世紀前半に近い。

ところで、もともと山陽道は「大路」、東海道・東山道は「中路」であった。ところが発掘調査で知られたそれぞれの路面幅は、東山道が側溝芯々間で約一五メートル、東海道が約一二メートル（高野遺跡では一六メートル）、山陽道が路面幅約一〇メートルであり、小路は六メートル程の幅が多い。

それにしても古代官道網は、整然とした幅の広い直線道を基本とし、平野周辺の山麓・丘陵端、山頂・峠などを見通す形で敷設されている場合が多い。平野を直交するだけでなく、官道を延長するために、丘陵部などには切通しさえ設けられていた場合があった。

2 古代の道を歩く人々

公務に使われた駅馬・伝馬

官道の駅に常備された駅馬《えきば》を使用することができるのは、詳しく定められた用途に限られていた。「大瑞《だいずい》・軍機」をはじめ、災害や疾病の発生、謀反や外国からの渡来などの火急の通信用と、幣帛《へいはく》使などの公使や、国司が各種報告のために上京する四度使《よどのつかい》（大帳使、貢調使、正税帳使、朝集使）などの公務であった。

これらの公務には「駅鈴《えきれい》」が支給され、それによって駅馬の使用が可能となった。壬申の乱の際に、大海人皇子（後の天武天皇）軍が駅鈴を管理した「留守官」に申請したものの、駅鈴が得られなかったことを記す有名な記述（『日本書紀』天武天皇元年五月二四日条）は、この手続きの状況であった。

急を要さない、定例の伝達や報告などの公務には、郡に設置された「伝馬」が使用されたが、これには駅鈴と同様に「伝符」を必要とし、その使用数は位階によって規定されていた。典型的な例である新任国司が赴任する際などには、剋《こく》（刻み）を施した伝府（位階によって剋数が異なる）を得て、それに従った伝馬と糧食が給されるのが基本であった。「公式令」によれば、最高の「親王及一位」が駅鈴一〇剋、伝符三〇剋、五位が五剋と一〇剋であった。

例えば『万葉集』で知られる大伴家持は、越中守に任じられた天平一八年（七四六）、従五位外であったから、規定通りであれば一〇剋の伝符が与えられ、一〇頭の伝馬を使用しつつ、これに乗ったり、荷駄を積んだりして、任地の越中国府へ向かったであろうことになる。具体的に、公務における役人への糧食の支給状況を示した史料がある。天平五年（七三三）越前国郡稲帳（『大日本古文書』一）には、次のように記載している。

検船使従六位上弟国若麻呂、四剋伝符一枚、食料稲六束四把、塩三合二勺、酒四升一人別稲四把塩二勺酒一升、三人別稲四把塩二勺、敦賀丹生二箇郡各経二箇日食料稲三束二把、塩一合六勺、酒二升

これによれば検船使従六位上弟国若麻呂（一行は四人）は、四剋の伝符（伝馬四頭）を使

用して、越前国敦賀郡（敦賀津の所在郡）と丹生郡（国府の所在郡）の間を片道二日で往復した。その際の支給は、一人一日あたりの糧食が、稲四把（現・米一・六合分）、塩二勺であった。ほかに若麻呂だけが一日あたり酒一升を給されていた。

食料が尽きて行き倒れる人も

古代の道は、このような公務の役人のみならず、多くの人々が行き来した。税を納める運脚（税の都への運搬者）をはじめ、役夫・仕丁などの労役や防人・衛士などの軍役に向かう人々も数多く行き来した。しかもこれらの人々は、駅馬・伝馬を使用できず、往復の食料も本来自弁であった。

例えば先の例における越前国の場合は中国であったので、規定では荷物を伴った京への上りに七日、下りに四日を要した。この場合でも一一日分の食料を携行する必要があり、何とか京へ達して責務を果たしても、帰路には食料がなくなり力尽きて餓死する人々があった。『万葉集』には、ほかの人が馬で行くのに自分の夫は歩いていくと思うと泣ける、と歌ったもの（3314）とか、「足柄の坂を過ぎて死《みまか》れる人を見て作る歌」（1800詞書）、と行き倒れの人についての歌なども載せられている。

また官道は基本的に道幅の広い直線道であることが多かったが、新設の道や官道から離れたところはそうでもなかった可能性がある。やはり『万葉集』には、「信濃路は　今の墾道《はりみち》　刈株《かりかぶ》に　足ふましなむ　履《くつ》著《は》け吾背《わがせ》」（3399）といった、道路事情を含む有名な情景を詠んだ歌も収載されていて、当時の交通事情の一端を知ることができる。

前掲の歌（3314）のように、多くの人々は徒歩で行き、役務で移動する役人でなければ、食料も自弁で携帯する必要があった。運脚の中には、帰路に食料が尽き、行き倒れとなることも珍しくなかったことはすでに述べた。これに対して、行程の途中で食料を購うことができる制度も作られたが、抜本的な解決とはなり得なかったものであろう。しかも先に指摘した歌（1800）の詞書にある、路傍で死んでいた人は「大夫《ますらを》」とされているから庶民ではない。行き倒れとなった例は、身分の上下を問わず発生したとみられる。

官道に架けられていた橋

都から七道諸国へは、それぞれ官道が延びていたこと、南海道や北陸道の一部が、各国を順に周行するルートから、八世紀末〜九世紀前半には幹線と各国へと分岐する支路からなる官道体系へと変化したことはすでに述べた。

この改変以前、平城京から北へは東山道と北陸道が山背（城）国を北上し、宇治川を渡る地点には、すでに宇治橋が架橋されていた。

宇治橋東畔の橋寺放生院にある石碑「宇治橋断碑」によれば、宇治橋は大化二年（六四六）の僧道登による架橋と伝える。しかし『続日本紀』は、文武天皇四年（七〇〇）の僧道昭の物故記事の中で、宇治橋を道昭による架橋とする。いずれにしても七世紀のことである。宇治橋が最も早い時期の架橋の一つであったことは疑いないであろう。

東山道・北陸道は、宇治橋を渡って宇治川東岸から山科盆地東部を北上し、近江国へ入って東と北へ分かれる。東へ向かう東山道は、琵琶湖から流出する瀬田川を渡る。すでに七世紀末、そこに「勢多橋」が架けられていたことは、藤原仲麻呂の乱の経過説明で先に紹介した。八世紀の勢多橋の橋脚基礎の遺構が発見されたことも述べた。

橋についてはこのほか、次章で述べるように平安京九条坊門にあたる鴨川に唐橋が架けられていた。

また、天安元年（八五七）の太政官符（『類聚三代格』）は「造山崎橋使」設置を記しているので、この折には山崎橋が建設されたとみられる。山崎橋は、山城国山崎駅と河内国楠葉駅間にあり、南海道の淀川に架かった橋である。

山崎橋については、橋梁に「糞土」が積もりやすく「掃除」が必要であり、「洪水之日」には「柱下」を「擁塞《つもりふさぐ》」ので「橋梁（が）破損」することから、その除去が必要だとしている。そのために「山背（城）河内等国」に命じて、「橋南北両辺」に「橋守」を置かせ、これらの任にあたらせると述べている。

東海道でも橋の存在が知られ、貞観四年（八六二）には「浜名橋長五十六丈（約一〇〇メートル）、広一丈三尺（約五メートル）、高一丈六尺」が架けられていた（『日本三代実録』元慶八年〈八八四〉条）。

この橋について、後年『更級日記』（寛仁四年〈一〇二〇〉）には、「下りし時は黒木をわたしたりし、このたびはあとだに見えねば舟にてわたる」とある。九世紀修造の浜名橋は、一一世紀初めにはすでになくなって簡易な橋に変わっており、しかも帰路にはそれもなくなっていたと記している。

浜名橋は浜名湖の砂州の切れ目に架けた橋であるが、東海道の官道は途中で多くの大河を渡る必要があった。

承和二年（八三五）太政官符（『類聚三代格』）によれば、各河川の渡船を増やしたり、浮橋を渡したりしている。

尾張美濃両国堺墨俣河（木曽川等）四艘（元二艘）
尾張国草津渡（萱津、庄内川等）三艘（元一艘）
参河国飽海（豊川）矢作両河各四艘（元各二艘）
遠江駿河両国堺大井河四艘（元二艘）
駿河国阿倍河三艘（元一艘）
下総国太日《ふとひ》河（江戸川）四艘（元二艘）
武蔵国石瀬河（多摩川）三艘（元一艘）
武蔵下総両国堺住田河（隅田川）四艘（元二艘）

墨俣河とは、「尾張美濃両国堺」で、木曽川と長良川の合流点付近であった。墨俣は、東山道と東海道を連絡する要衝で、「墨俣河左右辺（両岸）」にはこの時「布施屋（役民や調庸運脚夫のための休憩宿泊所）」も設置された。

さらに下流の伊勢湾岸の河口付近には、木曽川・長良川・揖斐《いび》川三川が合流していた。この折に渡船は増加されていないものの、三川を渡る伊勢国榎撫《えなつ》駅と尾張国馬津駅との間はやはり渡船であった。

このほか、船を連ねた浮橋が「駿河国富士河、相模国鮎河（相模川）」に渡された。官道が河川・湖口を渡るには、橋が建設されるか、渡船が準備されていたことが知られる。

水路と陸路の使い分け

古代の官道網は、公務の人々の移動の基本であった。運脚についてはすでに触れたが、『延喜式』は諸国からの多くの貢進物（調や中男作物《ちゅうなんさくもつ》などの税、後述）に触れ、それらの水路を含む運送方法や、駄賃・船賃についての規定も記載している。

とりわけ当時は、荷重の大きなものは、可能な限り水運を使用して運送したからである。その代表は米であった。各国の租米は基本的に「正税《しょうぜい》（郡の正倉《しょうそう》に納められて国司が管理し、出挙《すいこ》などの運用益を行政的に使用）」や「公廨稲《くがいとう》（正税から別置された給与分など）」などとして、「稲・穀（稲は未脱穀の穎稲《えいとう》、穀は脱穀して籾《もみ》としたもの）」の形で、基本的に各国内での使用のために留め置かれた。

ただし、運送のしやすい国々からは、租米の一部は精米して京に送られた。京の官人用の「舂米《つきよね》（精米した白米や玄米）」の運送国は、次のようであった。

東海道、伊勢・尾張・三河・遠江、
東山道、近江・美濃、
北陸道、若狭・越前・加賀、
山陰道、丹波・丹後・但馬・因幡、
山陽道、播磨・美作・備前・備中・備後・安芸、
南海道、紀伊・讃岐・伊予・土佐

これらは基本的に京に近い近国に多く、運送に便利な国々であった。やや遠い中国では遠江・越前・加賀・備中・備後・讃岐が含まれ、さらに遠い遠国《おんごく》では安芸・伊予・土佐が含まれていた。中・遠国の場合は、すべて海運を利用できる国々であったのが注目される。臨海の諸国には国津が設定されて積み出し港となっていた。

『延喜式』(主税上)は「雑物運送功賃」を定めている。例えば東海道諸国の陸路では、伊勢国が「駄別(馬荷一頭分一・五石〈約一〇〇キログラムあたり〉」の功賃が「稲一二束(米にして約二斗四升相当)」、尾張国が二一束、三河が三三束、遠江国が三五束であった。海路で

は、三河国で船賃が米一石につき一六束二把（米三斗二升相当）、遠江国で二三束であった。公定の駄賃と船賃の合計は、京から遠くない近国の三河国の場合でさえ、すでに運送する米そのものより高額に計上されていた。

「調」を相模から京に運ぶのに二十五日

米ほど重くない、絹や布などの「調」や「中男作物（雑徭《ぞうよう》によって生産する作物）」は、運脚（税の運搬者）によって京へ運ばれた。例えば、後に鎌倉幕府が開かれた相模国の場合、これらを担った上りの旅程が二五日、京に納めた後の下りが一三日と見積もられていた。

山陽道の場合、播磨から西の安芸にかけての国々で、陸路が駄別一五〜四二束、各国津からの海路船賃が石別一〜一東三把であった。瀬戸内海の船賃が東海道に比べて圧倒的に安く、しかも京南の桂川河港である「与等津《よどつ》（京都市伏見区淀の上流付近）」までの船賃であった。

山陰道・北陸道も陸路・海路を経たが、さらに中間には琵琶湖水運を経るので、経路は複雑であった。山陰道諸国からは、海運で若狭へ運び、若狭からまず琵琶湖西岸の勝野津（高島市勝野付近）まで陸路（駄別一〇束五把）、勝野津から湖南の大津（大津市）まで琵琶湖水運（石別一升）であった。

北陸道の越前・加賀両国からは、陸路駄別二四束、比楽津《ひらがつ》（〈加賀国〉）、『延喜式』は越前からも加賀分国以前の津を記載〉から敦賀津への海路船賃を石別七把としている。さらに、敦賀津から琵琶湖北岸の塩津（長浜市塩津付近）まで駄賃一斗六升、塩津から大津へ船賃石別二升、大津から京への駄賃八升であった。

実際に『延喜式』記載の船賃通りであったとすれば、北陸道諸国も日本海・琵琶湖経由の水運が有利であり、瀬戸内沿岸諸国と同様に水運が物流の重要な軸となっていたことになる。

このうち琵琶湖水運の場合、湖西の勝野津～大津と、湖北からの塩津～大津との二系統が規定されている。北陸道の官道は湖西を通じていたので、塩津はこれと別ルートの位置であり、敦賀津～（陸路）～塩津～（水路）～大津のルートが、物流専用の交通路として官道とは別に整備されていたことになる。山陽道の各国から瀬戸内海と淀川を経て与等津へ至る水路もまた、陸の官道と別に存在したという点では同様である。

八世紀には、近江国から平城京への木材の搬送についても琵琶湖水運が使用された。小川津（高島市の安曇川《あどがわ》河口付近）から琵琶湖に出、南端の瀬田川を下って宇治津に至り、そこから宇治川下流（巨椋池《おぐらいけ》）を経て泉川（木津川）へと入り、泉川を遡って平城京北方の泉木津（京都府木津川市木津）へと向かった。そこから平城京へは陸路をたどったが、泉川沿いには材木の津「木津」の遺構が発掘調査によって検出されている。木津の地名は、文字通りの機能を示していた。

国司の赴任と四度使

国々の等級によって、国司の定員には違いがあった。上国には守《かみ》、介《すけ》、掾《じょう》、目《さかん》各一人と、史生《ししょう》三人が任ぜられた。大国では増員されて掾が大掾・少掾の二人に、目が大目・少目の二人になった。中国では介が、下国では介・掾が、それぞれ上国の基準から減じられた。

これらの国司によって、国内の「祠社」すなわち祭祀と、所属郡を巡行して「戸口・簿帳・勧農・租調」など行政一般が掌握され、さらに「倉廩《そうりん》・徭役・兵士・郵駅・伝馬」など、各種の施設・人員に関わる事柄を管轄した。さらに「訴訟」など司法も統括し、軍団も管轄した。国によっては「斥候《うかみ》・防守《さきもり》」などの軍団、「関・剗《さん》」などの関の管理もあった。

さらに、国司は四度公文（戸籍・大帳・税調などの基本文書）を「大帳使・貢調使・税調使・朝集使」（あわせて「四度使」）などとして都へ届け、諸状況を報告した。四度使は駅馬を使用して官道を行き来した。

また、例えば先に述べた南海道の経路変更の場合、『続日本紀』の記載からすれば、まず土佐国から都へと言上があり、第一段階は、土佐への伊予経由のルートに加えて阿波経由のルートの新設がなされた。次いで、おそらく巡察使の報告をもとに、四国周縁を周回するルートを廃止して、『延喜式』の規定のような各国府への直行ルートへと変わったことが知られる。

この点では、先に述べたように、北陸道でも類似の経過をたどったとみられる。近江国からまず若狭国に入るルートであったものが、近江国から『延喜式』段階の気比《けひ》駅（越前国敦賀郡）へ向かった後、そこから若狭国府へと分岐するルートへの変更過程にも、やはり「近江若狭両国駅路」の「検察」が前提にあったと考えられる。

大伴家持が詠んだ地方任務

国司の管内における検察・巡行の例を見ておきたい。対象の一つに墾田があった。

天平一五年（七四三）の墾田永年私財法によって、律令政府は墾田を私財とすることを認めた。天平勝宝元年（七四九）に四〇〇〇町の墾田所有枠が認められた東大寺は、活発に墾田獲得に乗り出した。この年さっそく、「佐官法師平栄」を越前・越中（当時加賀国は存在せず越前国の一部、能登は越中国の一部）に派遣して、墾田の設定に向けて活動を始めた。

ちょうどこの少し前、天平一八年（七四六）に大伴家持が越中守に任ぜられ（『続日本紀』）、間もなく赴任したとみられる。同年八月七日には、越中守家持の館で宴を催した折の、家持自身をはじめ掾・大目等の歌が『万葉集』（3943〜3951）に採録されている。『万葉集』に収載された家持の歌が多いこともあって、当時の京から派遣された国司が、任地で果たした活動の一端を具体的に知ることができる。

家持は天平感宝元年（七四九）五月五日、東大寺から派遣されてきた「占墾地使僧平栄等」を「饗」し（4085詞書）、次の歌と酒を送っている。

焼太刀を礪波の関に明日よりは守部遣り添へ君を留めむ（4085）

この際、平栄は越中国における東大寺領荘園の設定の多くに関与したとみられる。越中国には八世紀の東大寺領荘園が、計一〇カ所（射水郡四、砺波郡四、新川郡二）も存在したことが知られるが、そのうちの射水郡榠田・須加・鳴戸、砺波郡伊加流伎・石粟、新川郡大藪・丈部の「開田地図」七点（正倉院宝物、石粟のみ「官施入田地図」）に平栄が、「佐官法師『平栄』」として署名している。

これらの署名のすべてが天平宝字三年（七五九）一一月一四日付で、家持はすでに離任した後である。しかし、守（「朝集使」）・員外介（「在京」）・目（「大帳使」）の三人の国司が平城京へ行っていて署名していないものの、在国の介と掾が署名していることからすれば、越中国府で署名した可能性が高い。とすれば平栄は、家持の饗宴を受けた年の一〇年後にあたる署名時に、改めて越中を訪れていたとみられる。

平栄を迎えた最初の饗宴のあと、家持はおそらく平栄の意向を受け東大寺墾田の占地に関わったと思われる。守として国政全般を統括する以上、国策に沿って東大寺領荘園の占地と検察に関与していただろうと推定できる。さらにその具体的な状況もわかる。

最初の平栄の饗宴から七カ月後の天平勝宝二年（七五〇）正月、『万葉集』は、家持の歌「荊波《やぶなみ》の里に宿借り春雨に隠《こも》り障《つつ》むと妹に告げつや」（4138）を掲載している。

その詞書には、「墾田の地を検察することによりて、砺波郡の主帳多治比部北里の家に宿る」、と記されている。

つまり、墾田の検察のために、国府のあった射水郡から、南の砺波郡へ来た。この時期に検察が必要な墾田とは、設定間もない東大寺領である可能性が極めて高い。前記のような多くの東大寺領のうち四カ所は砺波郡であったが、そのうちの三カ所は砺波平野（砺波郡）の東北辺にあった。残り一カ所もその少し西にあったから、「荊波の里」とは砺波郡北東部にあったと考えられる。

砺波郡の郡司の一人（主帳）、多治比部北里の家が郡家や東大寺領とどのような位置関係であったのかはわからない。しかし、石粟村比定地の北に井戸を伴う八世紀の掘立建物跡群が検出されており（高岡市常国遺跡）、その付近ならば、砺波郡の墾田を検察した際の宿として格好の位置であろう。

国司の任務の一つは「属郡巡行」（「戸令」）で、家持が当時の越中国各地を訪れていたことは間違いない。国府周辺の射水郡とその北に臨む富山湾、および砺波郡を除いても、『万葉集』には「婦負郡」（４０２２詞書）、「新川郡」（４０２４詞書）の郡名が巡行先として記されている。

これで、後の越中国の四郡すべてが実際に「属郡巡行」の対象であったことがうかがえる。家持の時代において越中国に属していた能登も、『万葉集』に出現する。「能登郡」（４０２６・４０２７詞書）、「鳳至《ふげし》郡」（４０２８詞書）、「珠洲《すす》郡」（４０２９詞書）などにみられるように各郡へ出かけている。その目的は「春の出挙《すいこ》に依りて、諸郡を巡行し」（４０２９詞書）と記しているので、春に官稲を農民に貸し付ける出挙（種籾用）の巡察に出かけたことが知られる。

このような巡察や検察、巡行に際しては、駅馬ではなく郡に備えられた伝馬が用いられ、各国への官道とは別に各郡へ向かう道をたどったと考えられる。それを伝馬道と呼んでいる研究者もいる。国々を結んだ官道のほかにも、各国内の郡衙・正倉などを結ぶ道が存在したのは確かであろう。

3　騎馬が行き交った行軍の道

後に「鎌倉街道」と呼ばれた道

平安京以来の広い直線街路が、中世洛中ではその一部だけを狭い道として使用するようになっていった過程は、改めて後で述べたい。平安時代の終わり以降、京の街路のみならず、全国の道を多くの武士が行き来したと思われる。そこでまず、鎌倉周辺ともいうべき関東の道に注目してみたい。

鎌倉では、若宮大路の北端に位置する鶴岡八幡宮の階段下に、若宮大路と直交する東西の道路があり、六浦《むつら》道と呼ばれた。この道をたどると、東方は三浦半島東岸の六浦へと達する。西方への道は、現在は迂回しているものの、もともと鶴岡八幡宮の境内西側から、巨福呂坂を経て北西へと大船方向へ向かい、東海道と合流した。

山に囲まれた鎌倉の周囲には、化粧坂、大仏坂、極楽寺坂、名越坂などがあり、それぞれが切通しによって鎌倉の内と外を結ぶ街道の出入り口であった。鎌倉幕府はこれらの街道を通じて、東国武士団の本領と鎌倉を結ぶ連絡網を構築していた。

阿部正道によれば、これらの街道は丘陵端や坂道の部分では堀切の凹地とし、また急坂には敷石を用いている例があるとされる。さらに台地上や平坦地では、道の両側に土手が築かれているのが大きな特色であるという。また、道の遺構が検出されている例もあるが、道幅はさまざまであり、一定していないとされる。これらの道は、いずれも鎌倉街道と総称されることが多い。

このような道について、『吾妻鏡』文治五年（一一八九）七月一七日条には、源頼朝が奥州藤原氏を攻めた際における三手の軍の行程を次のように記載している。

①「東海道大将軍」が、「常陸・下総」の軍勢を催して「岩城・岩崎」をめぐり、「遇隈河（阿武隈川）湊」をわたって合戦

②「北陸道大将軍」が、「下道」を経て「上野国」の軍勢を催し、「越後国」より「出羽国念種関《ねずがせき》」を出て合戦

③「二品（源頼朝）」は大手軍として、「中路」より下向

という三つのルートであった。この場合、①の「東海道」諸国経由が上ルートとなり、②が「下道」から北陸道諸国経由へ、および③が「中路」から陸奥へ、との三ルートを経て行軍したことが知られる。

ところが、後の『太平記（巻第十）』も「上路、下道」などを記しているが、ここに引用した『吾妻鏡』の表現とは異なったルートを指している可能性がある。例えば、鎌倉を目指す新田義貞軍に対して、鎌倉からこれを迎え撃つ軍勢を次のように記す。

武蔵・上野両国の勢六万余騎を相副て、上路より入間川へ向けらる、

『太平記』のこのくだりは、鎌倉から「入間川（所沢市の北方）」へと向かう（上野国への方向）ルートを「上路（道）」として記しているのである。

さらに利根川東岸についても『太平記』（同巻）に、北の「下河辺」（古利根川東岸）から、「下道より鎌倉へ引返し給ひければ」、と記して、利根川東岸から東京湾北岸方向、さらに西岸を経て鎌倉へ向かう「下道」の存在を記している。

ここに引用した『吾妻鏡』が「上野国」経由を「下道」とし、『太平記』は利根川東岸の「下河辺」経由を「下道」、また『太平記』では鎌倉から「入間川、上野国」経由を「上道」としているので、両書では上道と下道が入れ替わった表現に見える。『吾妻鏡』は中世関東の交通路を東海道・東山道・北陸道の順に上・中・下と表現しているが、後の『太平記』段階では変化していたのか、あるいはルートや名称が必ずしも一定しなかったことの反映であった可能性があろう。

現在、鎌倉街道上ノ道・中ノ道・下ノ道と称されているルートは、むしろ『太平記』の表現に近い位置である。また、鎌倉時代には鎌倉街道という表現は見られなかったとの見解が大勢である。時代とともにルートも名称も変わった、とするのが一般的であろう。

さて、鎌倉に幕府が開かれると、京都・鎌倉間の交通は、古代以上に重要となった。文治元年（一一八五）一一月二九日には、次のように記している。

今日、二品（源頼朝）駅路の法を定めらる。この間の重事により、上洛の御使雑色等、伊豆駿河以西、近江国まで、権門庄々を論ぜず、伝馬を取りて、之を騎用す可し。且は到来の所に於て、其粮（糧）を沙汰すべきの由云々

つまり新たな「伝馬」制を定めた（『吾妻鏡』）ことになる。古代の官道の駅制に比べると、細かな規定がなく、融通の利く制度、あるいは未熟な制度であったとみられるが、新しい伝馬徴用を可能にした現実的制度ではある。

鎌倉から京へ

奥州を制した頼朝は、翌建久元年（一一九〇）「先陣、後陣」を従え、「乗馬」によって上洛した（『吾妻鏡』）。新しい伝馬徴用の制度によったものであろう。

一〇月三日に鎌倉を出発、「相模国懐嶋《ふところじま》（茅ケ崎市）、酒匂宿（小田原市）、関下（関本、南足柄市）」と、足柄峠越えをたどり、「駿河国蒲原駅（静岡市）、岡部宿（藤枝市）、遠江国菊河宿（島田市）、橋本駅（湖西市新居町）、熱田社（名古屋市）」と進んだ（東海道）。さらに、「小熊（岐阜羽島市）、墨俣《すのまた》（岐阜県墨俣町、〈東山・東海連絡道〉）、青波賀（青墓、大垣市）、近江国柏原《かしわばら》（米原市）、野路《のじ》宿（草津市）」を経て、六日に入洛した。四日間の行程であった。東海道から東海東山連絡道を経て東山道に入り、美濃・近江から上洛したことになる。

帰路は、一二月一四日に京都を出発し、同日「小脇《おわき》宿（東近江市八日市）」に泊まり、次いで「箕浦宿（米原市）、青波賀、黒田（一宮市）、小熊、宮路山中、橋本、池田（磐田市）、懸河（掛川市）、嶋田、駿河国府、興津、黄瀬川宿（三島市）」と宿泊を重ね、馬を乗り換えて相模国内で「竹下、酒匂」とさらに宿泊を重ねて、二九日に鎌倉に着いた。宿泊地は異なり、古代以来の東海道、東海・東山連絡道、東山道とも全く同一とは言えないが、類似の方向をたどる、上洛と同様のルートであった。ただし上洛の四日間に比べて、鎌倉への帰路は一六日間に及ぶ、ゆったりした旅であった。

大軍が動いた承久の変についても、『吾妻鏡』の記述がある。承久三年（一二二一）、後鳥羽上皇による幕府打倒軍の挙兵に対応した幕府軍は、東海道軍（一〇万余騎）、東山道軍（五万余騎）、北陸道軍（四万余騎）からなっていた。

東海道軍は、「手越《てごし》駅、遠江国府、天龍河、橋本駅、尾張国一宮辺」を経由し、木曽川西岸の、「大井戸渡（岐阜県可児《かに》市）、鵜沼渡（各務原《かがみがはら》市）、食渡《じきのわたし》（岐南市上・下印食《いんじき》）、池瀬（各務原市伊木の瀬）、洲（墨）俣」などに布陣した官軍に向かった。官軍を退けた東山・東海道軍は、「野上（関ヶ原）垂井両宿」で合戦の「験議」をした。東海道軍の場合、尾張に入ると一宮経由の東海・東山連絡道を進んでおり、その後東山道に入っていくことになる。

一方、北陸道軍は「東路（琵琶湖東岸経由か）」経由で「勢多」に向かい、その後、東山・東海・北陸の三軍は「宇治、芋洗（京都府久御山町東・西一口《いもあらい》）、淀」等へと展開した。

このような承久の変の各軍の行程もまた、必ずしも通常通りの街道をたどったものではないであろう。行軍の道は、通常の旅程の道と同じとは限らない。鎌倉への道や鎌倉からの道には、鎌倉道とか鎌倉街道と通称されているものが各地にあるが、実態は多様であり、規格や体系はなかったとみるべきであろう。

いずれにしろ中世には、騎馬にまたがった武者を中心に、大小の軍団がしばしば街道を行き来した。平安末の源平の合戦にしろ、『吾妻鏡』が記す鎌倉時代や、『太平記』が語る鎌倉時代末にしろ、行軍や合戦は騎馬を中心とした集団を基礎に展開していたのである。しかも、古代以来の官道にしても、古代国家の管理体制はすでに崩壊していたとみられる。

『太平記』が記す騎馬の大軍

『太平記（巻第九）』は、京の南郊での八幡・山崎合戦をめぐる段に次のように記しているが、管理されていない主要道の実態をまざまざと伝えている。

四月二七日には八幡・山崎の合戦と、兼ねてより定められければ、名越尾張の守大手の大将として七千六百余騎、鳥羽の作道《つくりみち》より向かはる。足利治部大輔高氏は、搦手《からめて》の大将として五千余騎、西岡よりぞ向かはれける。

まず騎馬の大軍が、「鳥羽の作道」をはじめ、京郊の諸道を所狭しと駆けていた様子を描写しているのである。

鳥羽の作道は、京の朱雀大路から南へ直進する道であり、古代の山陽道・南海道へ向かう主要道であった。現在の城南宮（京都市南区）近くで、南西方向へと直進する「久我縄手《こがなわて》」

に接続していた。この作道自体が一三世紀初期の坪付帳（条里プランの坪ごとに土地の所在を記した記録）では、条里の各坪の一～二段ないし五段の面積として、つまり幅一〇～二五メートルの多様な幅の道路敷として記されていることは、次章で改めて述べたい。

この坪付帳に記された道路敷そのものが、隣接の耕地に取り込まれた結果である。すでに場所によってさまざまな幅であり、すべてが路面として存在したわけではなかった。本来は整然とした直線道として計画され、建設されたのだが、管理が悪く周囲の水田に蚕食されて、狭くなっているところが多かったと推定される。

このような作道から続く久我畷《こがなわて》もまた、同じような状況になっていたのであろう。現在の久我縄手は写真1－4のように、直線ではあるが大変細い部分が多い。

さて『太平記』によれば、大手の大将名越尾張守の大軍は、この久我縄手を山崎へ向かった。搦手《からめて》の大将足利高（尊）氏軍に先を越されまいとして、軍を鼓舞した様相が描かれている。その折の情景を次のように記しているところが興味深い。

> さしも深き久我畷（縄手）の、馬の足もたたぬ泥土の中へ馬を打入れ、我先にとぞ進みける。

写真1-4　久我縄手の遺構（斜行する小径、長岡京市）

（出所）国土地理院空中写真

久我縄手も作道と同様に山陽道・南海道の一部であるが、そのかつての官道が、「深き」とか、「馬の足もたたぬ泥土」とされているのである。作道はもともと幅八丈（二四メートル）程度の立派な道であり、久我縄手もまた、その半分程度はあったはずである。しかも、これに先立つ三月一五日にも『太平記（巻第八）』には、

久我縄手は、路細く深田なれば、馬の懸引も自在なるまじとて、

と、官（六波羅）軍が久我縄手を避けたことを記している。

このころの道は久我縄手に限らず、本来の道路敷の一部が耕されて田畑になったり、整備が悪くて一部しか通れない状況だったりしたことが、ほかの古地図や文書史料からも知られる。次章で紹介する洛中の九条大路と東洞院大路の交点付近の例や、東寺近くの左京九条一坊八町の周囲にあたる、八条大路、壬生大路、針小路なども、中世にはやはり細い湾曲した道であった。

信長による道普請

一六世紀後半になると、このような中世の道を政策として修築した大名が出現した。岐阜在城の時期と安土在城の時期に、いずれも両城と京との間を頻繁に往復した織田信長は、道路整備にとりわけ意を用いた。例えば天正二年（一五七四）には、次のように命じている（「尾張篠岡八右衛門等宛朱印状」、奥野高広『織田信長文書の研究』）。

尾張国中道之事、年中ニ三ヶ度改可築、同橋之事、自先規懸来在所ニ可申付、幷水道等之事、堅可申付、若於有油断在所者、遂糺明、可加成敗者也

信長は尾張国中に対して、年三回の道路の修築と橋・水路の修繕を命じたのである。さらに天正四年には尾張在国の織田信忠の命として、道幅・高さ・街路樹について定めている（「尾張篠岡八右衛門等宛織田信忠判物」、同前）。

尾張国中道之事、本海道三間二尺、脇道二間二尺、在所道一間、高三尺ニ脇ニ松柳

可レ樹

「本海道」とは、東海道および東海・東山連絡道を指し、その幅三間二尺（約六メートル）、高さ三尺（〇・九メートル）、街路樹は松か柳とした。「深く細い」久我縄手とは大きく異なって、広く整備された道であるが、古代の東海道や東山道の幅約一二～一六メートルに比べるとかなり狭い道であった。「脇道・在所道」は幅一～二間二尺（一・八～四・二メートル）とさらに狭かった。

信長は近江国でも道路整備を行った。『信長公記』（太田牛一箸）によれば、元亀三年（一五七二）の浅井・朝倉軍との合戦に際し、湖北の「虎後前山より宮部迄路次一段あしく候。武者の出入のため、道のひろさ三間々中に高々とつかせられ」と軍用路の建設をしたことが記されている。「三間々中《まなか》」とは三間半（六・三メートル）の道幅で、盛り土をしたものであった。

天正三年（一五七五）には、やはり近江国内で、峠越え部分の東山道の改修をしたことも知られる。東大寺金堂の日記は次のように記している。

スリハリ（摺針）峠ヲヨコ三間、深サ三尺ニホラル、人夫二万余、岩ニ火ヲタキカケ上下作レ之、濃州ヨリハ、三里ホトチカ（近）クナルト也、田ヲモウ（埋）メラル、由也

人夫二万人以上を動員し、幅三間、深さ三尺の切通し状の道と、水田部分ではそれを埋めた道を建設し、美濃・京都間を三里（一二キロメートル）ほど短縮するのに成功したという。摺針峠とは、彦根市東部の鳥居本町の北東にある峠である。信長の道路建設は広範に展開されていたのであろう。

　このような信長の道路整備について、イエズス会士ルイス・フロイス（『日本史』）は、次のように記録している。

都から安土まで道路を作ったが、それは十四里ほどあり、庭地のように平坦であって、道路にあたる岩山や険しい山地をきりひらいたのである。この道路の両側には樹木が植えられており、地面を清掃するための箒《ほうき》が架けられていた。また、すべての通行人が足を濡らさずに通れるように、巨大でかつ高度の技術を必要とする橋梁がわたされた（柳谷武夫訳）。

ルイス・フロイスは、天正四年の尾張国中への指示にあった並木の実態や、箒など路面管理の実態にまで言及している。

ここにある「巨大でかつ高度の技術を必要とする橋梁」とは、天正三年に『信長公記』が「橋の広さは四間、長さ百八十間余、双方に欄干をやり」と記す、「瀬田の橋（瀬田唐橋）」を指すとみられる。その位置は、八世紀の橋脚基礎部分（琵琶湖博物館収蔵）が発見された位置より上流（北）側であった。

東海道のルート変更と鴨川の架橋

信長は、新瀬田橋の建造とともに、東海道のルートをも変更したとみられる。古代以来の官道は八世紀の勢多橋位置から直線で東に向かい、近江国府南門の南付近から段丘上にのぼり、政庁の東を迂回して北へと向かうルートであった。それを、瀬田丘陵の北側を短絡して新しい瀬田橋に至るルートに変えたとみられると別書で述べたことがある。おそらくこの道路工事は、瀬田川に流入する高橋川の北への河道変更を伴っており、信長の事業の壮大さの一例でもあろう。

信長はまた、宇治橋も架橋した。天正七年（一五七九）架橋を指示し、翌年には、完成した「宇治の橋をご覧じ」た（『信長公記』）、という。

信長による一連の道普請と架橋は、国家による古代官道の整備以来、中世にはその維持管理が不十分となっていた道路網について、尾張と近江など一部の国々であるが、再整備を実施したとみられる。しかし道幅は約六メートルと、古代官道の最小基準の「小路」並みであり、東海道・東山道の半分程度であった。

中世に道路整備が全く行われなかったわけではない。特に京周辺の架橋については、いくつかの例が知られる。

例えば鎌倉幕府においては、寛元三年（一二四五）の「御成敗状追加」（『鎌倉幕府法、追加法』）に、禁じられた売買の「直物《じきもつ》（代金など）」は、「祇園清水寺橋の用途に付らるべし」との規定がみられる。「祇園（四条）橋・清水寺（五条）橋」にかかわる費用に充当すべきとしていたのである。どのような橋かは不明であるが、橋が架けられたものとみてよいであろう。

その折の架橋による橋かどうかは不明であるが、正安元年（一二九九）年に描かれた『一遍聖絵（巻七）』には、橋脚が一〇組からなる欄干・擬宝珠付きの四条橋を牛車と人々が行きかっている様子が描かれている。

四条橋については、祇園社執行の行恵が貞和五年（一三四九）に、「四条橋を架す」ために河原で田楽を催したことが知られる（『太平記　巻第二七』）。またこれより前の永治二年（一一四二）、「祇園四条橋」を勧進聖が沙汰したと記した史料がある。仁平四年（一一五四）にも、「祇園橋（四条橋）」は、洛中に勧進して「新造」されたという記述があるという（『太平記　三』補注）。四条橋は平安時代末から、基本的に勧進によって架けられていたことになる。五条橋もまた同様であり、清水寺成就院が担当する勧進橋であったという（『雍州府志』八）。

屏風絵に描かれた橋

四条、五条の橋については絵画資料も存在する。室町時代後期の「洛外名所図屏風（太田記念美術館蔵）」には、右隻六曲の左側二面にわたって「四でうのはし（四条橋）」と、その下方に五条橋とみられる橋が描かれている。四条橋西畔には鳥居が描かれ、一本の橋で鴨川を渡っている。五条橋の方は、中洲と思しき島を経て、二カ所の橋からなっている。いずれも七〜九本の橋脚と三〜四枚の橋板が描かれている。このように描かれた四条橋は現在の位

図1-7　祇園会神輿渡御

（出所）奈良県立美術館蔵「洛中洛外図帖」

置、五条橋は本来の位置である五条大路の東末、現在の松原橋の位置であったとみられる。

やはり室町時代後期の「洛中洛外図屛風（歴博乙本、国立歴史民俗博物館蔵）」においても、四条橋に相当する橋の表現が見られる。一本（一続き）で鴨川を渡る橋が二本、平行して架橋されている様相と、西畔の鳥居が描かれている。「五てうはし」の方は、中洲を経る二カ所の橋からなる表現がみられ、別の洛外名所図屛風（太田記念美術館）の表現とも共通する。

室町時代後期とされる「（狩野）元信印　洛中洛外図帖（奈良県立美術館蔵）」

の表現も、同様である。同図は「祇園会神輿渡御」とされており、一本で架かる四条橋と並んで、中洲を経て二カ所からなる別の橋があり、それを神輿が渡御する様子が描かれている（図1－7参照）。右に述べた歴博本洛中洛外図屛風に二本描かれた四条橋のうちの一本が、これと同様に神輿渡御に関わる橋であったことになろう。

上杉本「洛中洛外図屛風（国宝、上杉博物館蔵）」もまた、右隻に中洲を介して二カ所からなる五条橋と、二本の四条橋（金雲で明瞭ではない。図3－5参照）が描かれているが、鴨川にはほかの橋が描かれていない。絵画に描かれていないから存在しなかったとは言えないが、その可能性はあろう。

上杉本洛中洛外図屛風では、右隻中央部やや下段の「室町とをり（通）」沿いの川には、東西路の少し幅広の橋と、その間の狭い板橋がかかっている様子が描かれている。この川は、九条家本『延喜式』「左京図」に表現された、室町通沿いに、冷泉院（小路、二条通の一本北側）から四条へと流れる流路に相当するものであろう。右隻には、ほかに西洞院通沿いの川にも類似の橋など、広狭計九本の橋が描かれている。ちなみに左隻にも同様の橋がいくつも描かれており、左上隅には「とけつけふ（渡月橋）」も描かれている。渡月橋は別としてこのような洛中の橋は、後に紹介する、天長四年の太政官符（『類聚三代格』）に記された、左京における多数の橋のあり方とも類似するであろう。

鴨川の橋に戻りたい。鎌倉時代ころには、紹介したような四条橋と五条橋が存在したが、これらより上流側については橋の存在は知られない。

一方で、「糺《ただす》河原（下賀茂神社付近）、荒神河原、二条河原、三条河原」などの表現が史料に見られる（『太平記』、『梅松論』など）。おそらくこれらの場所では、通常は河床に水流がなかったり、あっても網状の小流となって、河原が広がっている状況であったりしたものであろう。またこれらは、鴨川のさらに上流（賀茂川・高野川）側には、明治時代に至っても橋が存在しなかった状況と類似していたとみられる。

ところが室町幕府下の応永三〇年（一四二三）には、「伊勢因幡入道」の使者が「三条河原に橋懸《か》けらるべく候」と申し入れ、さらに「広橋殿（伝奏）」名によって、「三条河原橋用脚事」として「合弐貫文」の所納が記されている（『兼宣公記』）。どのような橋であったかは不明であるが、その時点では存在しなかった「三条河原橋」が、新たに架けられることになったとみられる。架橋は次第に北へとさかのぼり、三条にまで及んだことになろうか。

秀吉の街道整備

三条大橋の建設について、『京都坊目誌』は擬宝珠《ぎぼし》に刻まれた銘を再録して、天正一八年（一五九〇）に増田長盛が架橋したとする。豊臣秀吉による御土居建設の前年である。この銘には「盤石の礎を地に入れ、五尋功石の柱六十三本」と記され、石造橋脚の橋であったことが知られる。

一方、五条橋が現在の位置へと移されたのはこの前年であった。方広寺の大仏殿の造営に際し、秀吉の命によって、これも増田長盛が担当したとされる。なお正保二年（一六四五）には、高欄の擬宝珠に「洛陽五条石橋」とあって、五条橋が石橋に替えられたことが知られる。

秀吉はさらに、伏見築城と城下建設に際し、文禄三年（一五九四）に前田利家に命じて宇治川を大きく北へと迂回させ、城下の南へと付け替えた。さらに、付け替えた宇治川に豊後橋を架橋し、南方へと小倉堤を築いて街道を通したとされる。

秀吉はこのように、京都から伏見を経て豊後橋をわたり、小倉堤上を進んで奈良に至る大和街道を新設したとされる。足利健亮によると、山科から木幡山の麓を南行して宇治橋を経由する大和大路（古代の東山・北陸道、後の奈良街道）の機能を、伏見経由の新しい大和街道に集中する構想であったとされる。架橋と道路建設は、先に述べた織田信長の瀬田唐橋と東海道のルート変更の場合と同様に、一体として実施されたものであろう。

秀吉は、信長の道普請と架橋に類似した事業を、京・伏見中心に展開したことになろう。

第　2　章

細くなり、
曲がりくねっていく
中世の道

1　中国の都を模した古代街路

長安に似る藤原京の方格道路

　奈良盆地南部に建設された藤原京（「新益京」とも、六九四〜七一〇）は、日本における最初の計画的な都城であった。岸俊男によって推定された京域案はその状況を示していたが、発掘調査の進展によって新たな知見が加わり、現在では岸案より広大な京域が考定されている。

　京域案はいくつかある。小澤毅や中村太一は大路（小澤は「偶数条坊大路」と表現）に区画された南北一二列、東西一〇列の「坊」の方格（一辺約五三〇メートル）からなり、中央に藤原宮が位置したと考えている。

『続日本紀』文武三年（六九九）には「京職言、林坊」といった記載があるので、この区画が坊と呼ばれていたこと、坊に固有名詞が付されていたことは確かであろうが、このような固有名の坊からなる街区は、唐の長安城と同様である。

藤原京の各坊はやや狭い大路（小澤は「奇数条坊大路」と表現）によって四等分され、四等分された区画のそれぞれがさらに小路で四等分されて、計一六等分された区画からなっていたとされている。この形状も、長安城には大小あった坊のうちの大きな坊に類似する。

このように藤原京は、方格状の街路によって区画されていた。街路の規模は三段階であり、坊を画する大路は幅約一六メートル、坊を分割するやや狭い大路は幅約九メートル、小路は幅約七メートルであったとされる。

この藤原京建設を構想したのは天武天皇、遷都は天武皇后、践祚《せんそ》（皇位を継承）して持統天皇の時期であった。和銅三年（七一〇）には、この奈良盆地南端の藤原京から、同盆地北端の平城京へと遷った。この遷都を主導したのは持統天皇妹（天智天皇第四皇女）の元明天皇であった。

新しい都城の平城京もまた、方格状の街路網からなる都市計画を基礎としていたが、いくつかの点で藤原京とは異なっていた。まず、京域北部中央に平城宮があり、その正面から南へ「朱雀路《すざくろ》」が延びていた。この朱雀路の東西の京域は左京と右京とされ、それぞれ左京職《しき》と右京職が管轄していた。

次に、個々の坊の位置は番号で表現された。例えば天平五年（七三三）右京計帳の「右京三条三坊」といったように、各坊に番号が付されていた。坊の東西方向の列は条と呼ばれ、北から南へ順に、朱雀路から東西へも各坊に、いずれも番号で位置が表示されていた。

左京・右京では、北の一条から南の九条へと九カ坊（坊の一辺は約四八〇メートル弱〈一部が道路敷〉のほぼ正方形〈道路幅の広狭によって坊の一辺の長さが異なる〉）が並び、東西は左京・右京ともに各四カ坊が基本であった。

ただし、右京には北に北辺坊（南北幅が一般の二分の一）と称される張り出した部分があり、左京には東に張り出した東西三カ坊分、南北四坊半分の外京が存在していた。

各坊は、基本的にほぼ一六等分された「坪」と称される街区からなっていた。坊を画する大路と、坊内の小路からなる東西南北の方格街路は、基本的にこの坪の区画を割いて建設されていたので、坪の区画には多少の広狭があった。

平城京の大路にもいくつかの規模があり、最も広い「朱雀路」で幅約七四メートル、次の規模の二条大路が幅約三五メートル、一般の大路が幅約二四メートルであった。坊内の小路は幅五～六メートルであった。藤原京と同様に、平城京もまた直線状の計画道からなる方格が特徴であった。

なお、朱雀路の京域南端には羅城門《らじょうもん》があり、その南へは下津道が延びて奈良盆地を貫通していたが、その原型はすでに壬申の乱の時期にさかのぼる。

平城京と北方諸京の道

平城京の時代には聖武天皇（文武天皇皇子、元正天皇の次代）によって、平城京と並行して、恭仁京《くにきょう》などの都城が造営された。これらの諸京にも計画道があった。

『続日本紀』天平一二年（七四〇）一二月一五日条には、いわゆる関東行幸から「恭仁宮」に至った聖武天皇が「始めて京都を作る」と記されている。同一四年八月一三日条には「宮域以南の大路の西の頭《ほとり》」と、「甕原宮《みかのはら》」との間に「大橋」を造ると記している。

恭仁京の宮域は山背（城）国相楽郡の木津川北岸（現木津川市）に検出されており、そこから南へと大路があったこと、泉川（木津川）に大橋が架けられたことが知られる。大橋の位置は、恭仁宮から南への大路の泉川河畔と、平城京から北東へ「鹿背山西道」をたどったところの甕原宮（鹿背山北東麓付近）との間であったと記されている。

一方恭仁京の京域は、足利健亮によって木津川南岸に推定されており、この大橋は京域と宮域を連結するものであった。朱雀路に相当する大路とその先に大橋が存在したことが知られる（図2－1参照）。

図2-1　平城京と恭仁京

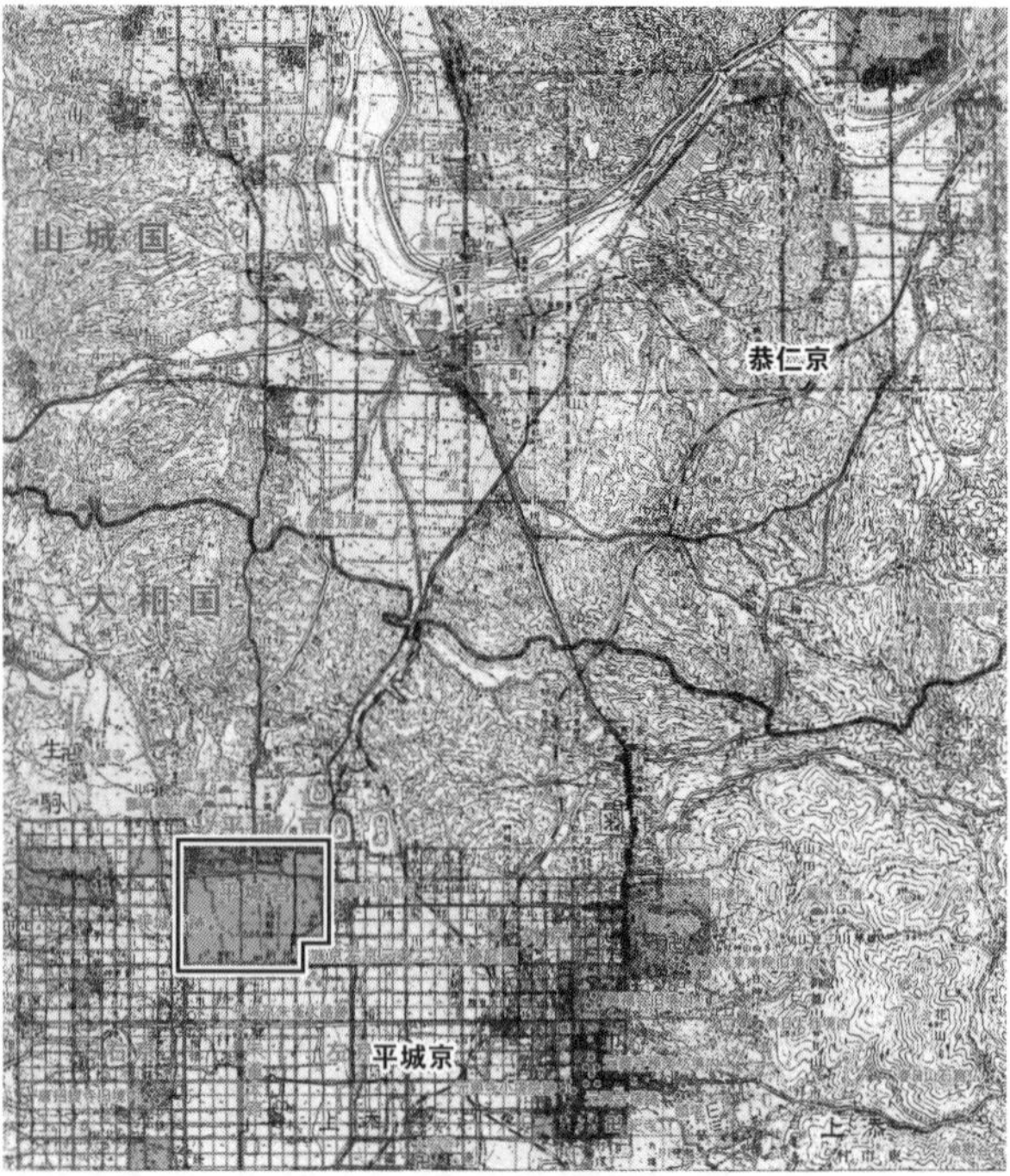

（出所）『地図で見る西日本の古代』（島方洸一〈編集統括〉、平凡社）

同じころ聖武天皇は、紫香楽宮や難波宮（後期難波宮）をも建設しており、少なくとも前期難波宮からは、中軸線上を南へ向かう、「難波大道」と称された道が存在したことが知られている（第1章1節参照）。側溝の芯々間約一九メートル、路面幅約一七メートルであった。これが後期難波宮の時期にも機能していたかどうかは確証がないが、その可能性はあろう。

さらに聖武天皇の皇女であった孝謙上皇によって「保良京《ほらきょう》（「北京《きたきょう》」とも）」が建設された。天平宝字三年（七五九）一一月に造宮が始まり、同五年一〇月に遷都、さらに同六年五月に平城京に還都という、一年に満たない短命であった。

淳仁天皇の時期であり、譲位して孝謙上皇（『続日本紀』には「高野天皇」とも）となった時期と、その後重祚して称徳天皇となった時期の間の期間であった。

保良京は、きわめて短命の都であったが、それでも広い計画道は存在したとみられる。遷都・還都の経緯は、『続日本紀』に詳しく、次のように実際に造京が行われたことが知られる。

造営を開始して一年余り後の天平宝字五年正月、「保良京」において「諸司の史生（書記官）以上」の「宅地を班給」した。同年一〇月には遷都に功あった内舎人等に賜姓し、都に近い「両郡」を「畿県」として「京に（畿内に）準じた税制」とした。さらに翌年三月、「保良宮」の「諸殿及び屋垣」を「諸国」に割り当て、一時に建設させた。

保良宮の位置は、瀬田川西岸の石山国分遺跡（大津市、旧滋賀郡）に推定されているが、平地の狭い土地である。そこへは平城京から、山城国南部の木津川右岸を北上する東山・北陸道を経て、途中（城陽市青谷付近）から「田原道」と称する分岐ルートをたどった。

この田原道の途中にあたる、瀬田川東岸の関津《せきのつ》遺跡（大津市関津、旧栗太郡）において、図2－2のような直線状の道路遺構が検出された。ほぼ南北走する路面の両側に側溝を伴っており、路面幅は一五メートル、側溝芯々（中心）間一八メートル（六丈相当）の広い道路の遺構であった。この道路遺構の時期は、発掘調査によって八世紀中ごろから九世紀中ごろと推定されており、保良京の時期を含む。

先に述べた平城京の大路は、朱雀路を別とすれば幅二四～三五メートル、小路は幅五～六メートルであったから、その中間規模の道幅である。後に紹介する八世紀の東山道や東海道の道路遺構は、側溝芯々間で一二メートルないし一五メートル幅であったから、これらより広い。この道路の性格について発掘担当者からは、単に田原道の遺構として報道されているが、その広い道幅と、同時に検出された多くの建物跡（図2－2参照）に、特に注目すべき

図2-2　保良京跡で見つかった直線道路の遺構（大津市関津遺跡）

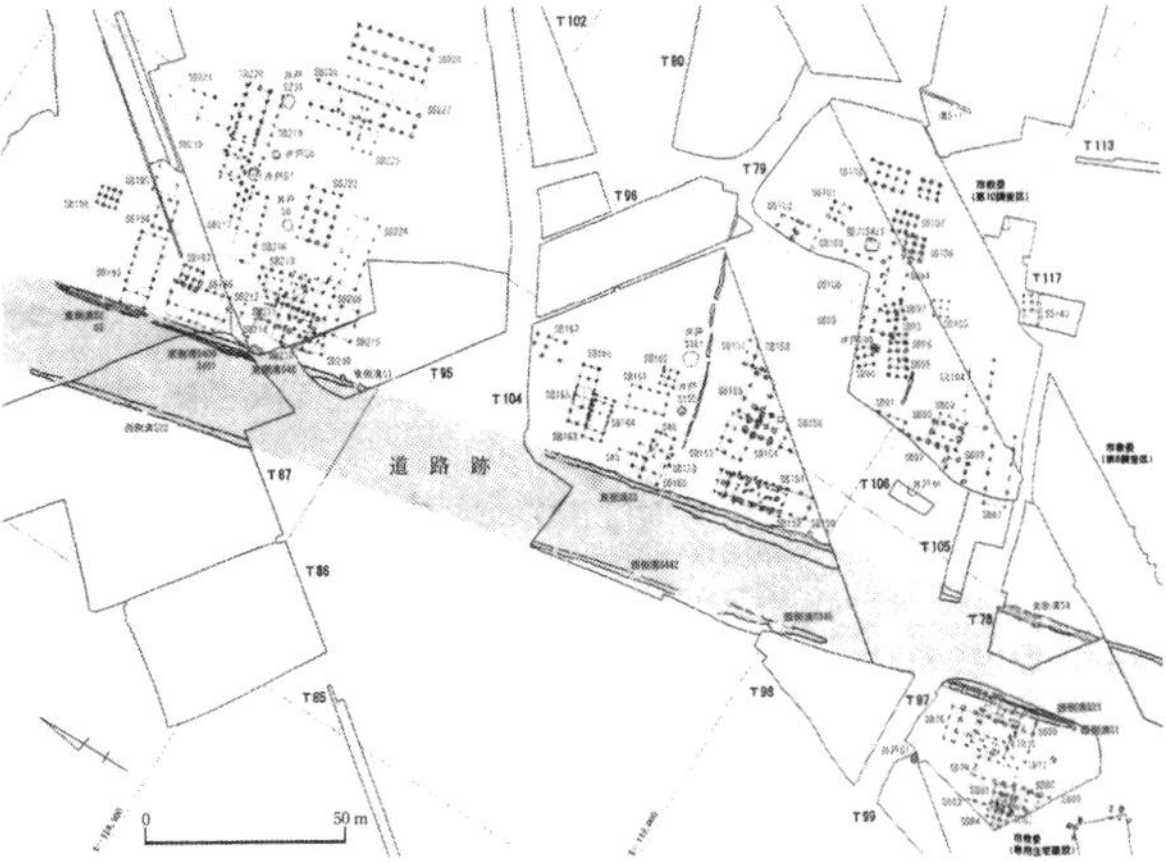

（出所）『滋賀埋文ニュース』318

であろう。

一つは、道路の推定時期に相当する掘立柱建物跡が、約六〇棟も検出されており、しかもその多くが道路と同じ方向であることである。建物は柱間が七間×二間で庇《ひさし》付きのものが最大であり、五間×二間、三間×二間などさまざまなもの、さらに倉庫と判断される総柱建物跡も検出され、井戸跡も八基見つかっている。これらの敷地が、道路に沿った雛壇状の造成区画として設定されていた可能性も指摘されている。

さらに、これらの遺構に伴って多くの遺物が出土していることも注目点である。それらの中には、墨書土器、硯、緑釉陶器、銅製帯金具など、官人に関わると推定されるものが含まれている。また一部には近江国庁と同じ様式の唐草文軒平瓦も出土している。

これらの遺構・遺物がいずれも官人の屋敷にかかわるとすれば、これらが保良京について先に紹介した、「諸司の史生以上」に班給された宅地に相当する可能性が高い。この推定が成立するならば、関津遺跡は保良京の京域であったことになり、側溝芯々間一八メートルという、平城京域内の大路に準じた規模の直線道の存在も理解しやすい。関津遺跡の道路遺構は、保良京域内の中心的な「大路」の機能を有していた可能性が高いことになる。

この推定はさらに、京域と宮域の位置関係の特異性にも関わる。瀬田川西岸の狭い平地部分の保良宮の位置（旧滋賀郡）と、瀬田川東岸の保良京域の一部（関津遺跡、旧栗太郡）とが、同川を挟んで離れていた（「勢多橋」によって接続）ことを意味することになる。この配置は、聖武天皇の恭仁京が木津川を挟んで宮域と京域が南北に離れて存在し、「大橋」で接続されていた状況と類似している。

また、先に触れた「両郡」と表現された「畿県」とは、まさしく瀬田川両岸の近江国滋賀郡と栗太郡に相当することとなり、これも史料の表現と合致する。

八四メートル幅もあった平安京の朱雀大路

都が平城京に復した後、延暦元年（七八二）に即位した桓武天皇は、同三年山背（城）国の長岡京へと遷都した。長岡京の発掘調査も進んでいるが、桓武天皇によってさらに、延暦一三年（七九四）に遷都された平安京については文献史料も豊富であり、次のように詳細な計画道の存在を知ることができる。

平安京は、南北が一条～九条の九カ坊分、東西が左右京各一坊～四坊の計八カ坊分からなっていた。北辺坊と外京を除く平城京とほぼ同規模であり、また類似の構造であった。平安京もまた左京・右京からなり、東西南北各四〇丈（一二〇メートル）を基本とする「町《ちょう》（街区）」と、町の区画が一六からなる正方形の坊（内部の三本の小路の幅を加えて、一辺は五一六メートル）によって構成されていた。

つまり、平城京と異なって、町の区画を基本の規模のまま（四〇×四〇丈）として、大《おお》路《じ》・小路《こうじ》の道路敷の幅が別に設定されていた。道路敷の分だけ、平城京の相当部分（外京などの張り出し部分を除く）より、京域が広かったと表現することもできる。

『延喜式』巻四十二左右京職京程には、平安京の街路幅について詳細に記している。それによると道幅は次のような規模であった。

南北（東西道）
北極幷次四大路、広各十丈（約三〇メートル）
宮城南大路十七丈（約五一メートル）
次六大路各八丈（約二四メートル）
南極大路十二丈（約三六メートル、ただし「路広十丈」）
（中略）
小路廿六、広各四丈（約一二メートル）
東西（南北道）
朱雀大路半、広十四丈（全幅は二八丈（約八四メートル））
次一大路十丈
次一大路十二丈
次二大路各八丈
東極大路十丈

小路十二、各四丈

（以下略）

つまり、幅二八丈という例外的に広い朱雀大路（南北）と、宮城（平安宮）南側の二条大路（東西、「宮城南大路」）が一七丈であり、この両大路は別格の規模であった。

道路幅からみると、この朱雀大路と二条大路を別とすれば、東西・南北の大路はいずれも、八丈（二四メートル）～一二丈（三六メートル）であった。これが大路の基本的な道路幅であったとみられる。なお、小路はすべて幅四丈（一二メートル）であった。

平安京では、それまでの平城京などと同様に、位階に応じた邸第や住宅の敷地が給され、各所に配置されていた。ただしこれらの屋敷は朱雀大路沿いであっても、基本的に朱雀大路に門を開いていなかったことが知られている。朱雀大路は幅八四メートルという、きわめて特殊な中心街路であった。

朱雀大路の北端には宮城（平安宮）の朱雀門が開いており、また、左・右京七条一坊の朱雀大路東側と西側には、迎賓館である東と西の鴻臚館《こうろかん》が設置されていた。このことからすれば、朱雀大路は、少なくとも平安宮に向かう公式の行事や、外国使節の参賀などに使用され

写真2-1　平安京復原模型

（出所）京都市作製

たものであろうが、邸宅の門が開いていない朱雀大路は、本来日常の生活道路ではなかったと思われる。

　これに対して、市街の邸宅・住居から見ると、朱雀大路以外の大路・小路は多くの人々が行き来する街路であった。ただし、右京西南部には葛野川《かどのがわ》（桂川）が乱流し、大路・小路が完成していなかったと考えられる（写真2－1、平安京千分の一復原模型〈京都市作製〉参照）。

　平安京の時代、伊勢神宮に派遣された斎王の居所である斎宮（伊勢国多気郡）もまた、方格状の計画道からなる都市であった。平安京の町の規模に等しい一二〇メートル四方の区画と、幅約一五メートルの広い碁盤目状街路からなる計画都市であった。東西七区画、南北四区画からなり、西北部二区画が斎宮と薬園であった。

さて時期は遅れるが、一二世紀末ころの京の様相を描いている『年中行事絵巻』は、さまざまな行事への多くの参加者や見物の人々を描いている。人々は身分や行事への参加状況、あるいは用務や目的により、徒歩、騎乗、牛車《ぎっしゃ》、輦輿《れんよ》（轅《ながえ》を肩にして運ぶ輿《こし》）などさまざまであった。徒歩の人々が圧倒的に多く描かれているのは当然であろうが、絵巻の主題である諸行事に向かう騎乗人物が次に多い。

牛車もこれに次いで多く、同絵巻の全体（本巻一六巻と別本三巻）には、計七二台の牛車が描かれている。牛に引かれて進んでいる様子、疾走している（事故を起こしている表現もある）様子、牛を外して待機している様子、さらには牛車の車の端だけが並んでいる表現などさまざまである。それぞれの様相を描いたもので実数とは無関係であろうが、諸行事に集まる牛車が多かったことの反映ではあろう。輦輿は朝覲（謁見）行幸の巻における鳳輦《ほうれん》（天皇の行幸用）の一例だけである。

平安京においては多くの人々が徒歩であったが、その次に多く描かれた騎乗の場合も馬自体は徒歩であり、牛に曳かれた牛車だけが車両である。京内のいろいろな時期における、時期の異なった各種行事の表現ではあるが、年中行事に臨む牛車が合計数十両も描かれたことを確認できよう。

さらに時期は遅れるが、正安元年（一二九九）作の「一遍聖絵（一遍上人絵伝とも）」においては一遍が訪れた各地の情景が描かれている。巻七の四条大橋、四条京極の釈迦堂、市屋の道場（旧東市跡）といった京の三場面にだけ牛車が描かれ、ほかの情景には牛車がない。牛車は京特有のものという認識であったのであろうか。

京の玄関口としての唐橋

平安京域は東を鴨川に、西南を桂川に接していた。平安京に遷都して一〇〇年ほど経た元慶三年（八七九）九月二五日、『日本三代実録』には、「この夜、鴨河辛橋《かもがわからはし》に火つけり、大半を焼き断つ」と記されている。火事の原因にかかわる記載はない。この辛橋がいつ建造されたのかも不明であるが、遷都以後のある時期であり、この火事の時まで存在したことは間違いないであろう。

現存最古の平安京の地図、九条家本『延喜式』（東京国立博物館蔵）の「左京図」には、九条坊門小路（八条大路と九条大路の中間）に「韓橋、号唐橋」との記入がある。鴨川にカラハシと称する橋があって、辛橋とも韓橋とも、また唐橋とも記載されたようである（以下、史料引用以外、唐橋と表現する）。これについては前著（『地形で読む日本』）ですでに紹介したが、必要な範囲で再度触れておきたい。

その位置は、現在のＪＲ東福寺駅の北端と、東寺東門から東へ延びる東寺通り東端とをつなぐ位置に相当する。この付近は、泉涌寺一帯から西側へと東山が最も張り出した部分に近く、鴨川東岸の地形は相対的に安定した地点であり、架橋には好都合な地点であった。

また東岸のすぐ北側には、山科から京（今熊野付近）に至る醍醐道（滑石越《すべりいし》）があり、平城京時代の東山・北陸道と接続するルート近くでもあった。平安時代末ごろの状況を描いているとみられる「山城国宇治郡山科地方図（「山科郷古図」ともいう。東大史料編纂所蔵〈写本〉）」に「勧修寺」から西北へと延びているルートに相当する位置である（後掲図３―４参照）。

さて、唐橋が焼けたという記事から八年近く経た仁和三年（八八七）五月一四日、再び唐橋が史料に現れ、「始めて韓橋を守る者二人を置く」とあり、山城国の徭丁（労役の負担者）を当てることが記されている（『日本三代実録』）。この時までには、焼け切れた唐橋が修造されており、しかもそこに、橋守二人が置かれることになったことが知られる。

この唐橋の「橋守」二人の配置については、延喜二年（九〇二）七月五日の太政官符でも記しており、その折に「件の橋は、往還の要路」と、重要な交通路であったことを説明している（『類聚三代格』）。

平安京のいわば正門が、朱雀大路に入る、南端の羅城門であったことは言うまでもない。しかし、平安京から東へと向かう東海道・東山道・北陸道については、羅城門から、あるいは羅城門へは、かなりの迂回を必要とする。例えば北陸道を上ってきた渤海使などは、山科において「郊迎《こうのむかえ》」を受け、威儀を正して入京したことが知られている。入京してまず、使節は鴻臚館（外交施設）へ向かったであろうことからすれば、唐橋を経て入京した可能性は高いとみられる。唐橋は、平安京の東の表玄関とでもいうべき、一つの正式ルートであったと考えられるであろう。

唐橋の名称も、このことを反映していたと思われる。時代は下がるが、例えば瀬田唐橋の場合は、やはり欄干のある橋であった。後に織田信長が建設した瀬田唐橋については、「双方に欄干をやり」（『信長公記』）と説明されているように、唐橋とはもともと欄干が設けられた橋であった。欄干があり、橋守が置かれた九条坊門の鴨川に架かる唐橋とは、平安京の東の玄関口にふさわしい、威儀を備えた橋であったと思われる。

先に引用した「山城国宇治郡山科地方図」には、盆地北部の「大路」の位置の東西道とは別に、山科郡一五里と一六里との里界線付近に、東西の「旧京路畷」との記載がある（里の位置は第3章図3－4参照）。この表現の意味からすれば、京への旧路、ないし京からの旧路の存在を示している。八世紀以来の官道であった、山科盆地東端を北東―南西走した東山道・北陸道から、新設の平安京の唐橋の方向に向かう位置である。先に紹介した唐橋の状況と結びつく表現である。

この旧東山道・北陸道～「京路畷」～唐橋のルートが、八世紀末の遷都以来の平安京から東への初期の主要路であり、やがて新たに山科盆地北部の東西の大路（東海道・東山道・北陸道）が建設されたものである可能性があろう。この点については後述したい。

さらに、地形と鴨川の河川敷の状況からして、唐橋より下流で鴨川を渡ろうとすれば、橋または渡し舟が必要であったと思われる。しかし八～九世紀の平安京東側の鴨川には、唐橋のほかに橋は存在しなかったとみられる。

川を渡る人々

鴨川上流側は、扇状地上に網状に分かれた水流であったので、徒渉は可能であった。人臣《じんしん》初の太政大臣となり、摂関政治の創始者ともなった藤原良房（八〇四―八七二）は、鴨川の東に別業（別荘）「白河殿」（京都市左京区岡崎）を営んだ。鴨東への本格的な施設の展開であり、この別業への行幸も数度に及んだ。摂関家別業であった白河殿を譲り受けた白河天皇は、承保三年（一〇七六）に法勝寺を建立した。以後、付近に相次いで寺院が建立され、六勝寺と称されて、白河一帯（現・岡崎）はやがて、院政期の一大拠点となった。

この白河は平安京からすれば、二条大路の「東末《ひがしのすえ》」（東への延長路）に当たる。しかし、鴨川に橋があったという史料は知られていない。鴨川は二条付近であったとしても、通常は徒歩で渡ることができたのであろう。肩で担がれた輿《こし》であれば、輿上の院や公卿は河水に濡れることもない。

詳細な渡河地点は不明であるが、万寿元年（一〇二四）に永円僧都が車（牛車《ぎっしゃ》）で鴨川を渡っていた時、突然の増水に合い、車ごと流されて危うく助けられたとする事件が記録されている（『小右記』）。通常であれば、牛車で鴨川を渡ることもできたのであろう。橋のない鴨川の渡河と、増水の場合の状況をよく物語っている例である。

さらに鴨長明の『方丈記』には、平安末の養和（一一八一～二年）大飢饉についての記述に、河原の交通について触れた部分がある。「築地のつら、道のほとりに、飢え死ぬるもののたぐい、数も知らず（中略）、河原などには、馬・車の行き交う道だになし」と記されている。惨状は別として、この記述では河原は馬や車が通るもので通常は道があったという、いわば当然の認識を前提とした表現であろう。

先に取り上げた、一二世紀末ころの京の様相を描いている『年中行事絵巻』には、稲荷祭の神輿の行列が、多くの見物人と共に進み、大幣を林立させながら、徒歩で川を渡っている様子を描いた部分がある（巻十二、三十七・八紙）。稲荷祭の見物は七条大路とされており、渡っているのは鴨川であろう。とすれば当時の七条大路には鴨川の橋はなかったことになる。唐橋はすでになくなっていたのであろうか。あるいは神輿行列のための、特定地点の渡渉であろうか。

さらに同絵巻（巻二、二三紙）には、騎乗で川を渡る人物と、その従者が裾をからげ、荷物を頭にのせて川を渡っている様子も描かれている。川を徒渉するのは一般的な状況であったとみられる（図2－3参照）。

図2-3　鴨川を渡渉する描写

（出所）「年中行事絵巻」、巻二、二三紙、騎乗・従者

ただし平安京内においては、規模を問わねば橋そのものは数多く存在した。天長四年（八二七）の太政官符（『類聚三代格』）には、「京中、惣《すべて》五八四町、橋梁三百七十余処」とある（左京職管轄の左京分）。橋の総数を、仮に町の区画（約一二〇メートル四方）の数からみると、町数の半分以上に及ぶ数の橋があったことになる。

先に述べた九条家本『延喜式』の「左京図」には、大宮、堀川、西洞院（上流では三本の支流）の大路・小路にそれぞれ北から南へと川が描かれており、仮に東西の各大路・小路のすべてに渡河のための橋がかかっていたとすれば、これだけで一〇〇以上となろう。いずれにしても京中には、極めて橋が多かった。

『年中行事絵巻』にもこのような京中の橋が描か

れている。例えば、角材を横に一〇本余り連ね、両脇に縦材を渡した橋を、馬上で越える人物の様子も描かれている（巻九、十九紙）。単なる板あるいは丸木を渡した橋より、橋梁としての構造を持った架橋である。

先に述べたように、鴨川の七条より上流における徒渉はごく一般的であったとみられるが、同時に、河原のそこここにあった水流の部分には、簡易な橋がかけられていた可能性を想定すると、後世の状況に近い。

このように、都城《とじょう》の道はいずれも計画的な、幅の広い直線道であった。人々は基本的に徒歩であり、身分のある場合は輦輿・馬上と、乗り物は多様であったが、それらはやはり歩行であった。時に牛車が河床をたどっていた場合があったことも先に述べた。河床の水流部分には簡易な橋がある場合もあったであろうが、鴨川は唐橋の上流には、川全体を渡る本格的な橋のない川であった。

南と東へ向かう官道

平安京への遷都とともに、官道網もまた平安京から七道諸国へと向かうように変更された。

平安京最大の道幅であった朱雀大路を南へ向かい、羅城門を出たところから山陽道・南海道が直線状に南へ向かっていた。この道は新設の道路にふさわしく「作道《つくりみち》」と呼ばれていた。作道は、現在の城南宮付近で南西に方向を変えて桂川を渡り、その先の部分は、後に「久我縄手《こがなわて》」と呼ばれた。

かなり後の一三世紀初期の史料であるが、「山城国紀伊郡里々坪付帳（九条家文書）」には、この「作道」の道路敷を示す地目が記されているので、道幅や位置を知ることができる。当時は条里プランに従って土地の所在を地図上に標記するか、あるいは条里呼称で所在地を表現していた。ただし文書による所在地の表記は、坪並みの数字順に記載されているので、文書の記載順が道路の方向とは必ずしも一致しない。そこで、道路の方向に従って条里プランによる表現を北から南へ順に並べ直して、道路敷の表現を列挙すると、次のようになる。

紀伊郡一二条佐井佐里、一一条飛鳥里、一〇条河副里、九条上津鳥里はこの順に北から南へ並び、各里の一八～一三坪も北から南へとこの順に一直線に並ぶ配置である。

（紀伊郡一二条）

佐井佐里十八坪「二反　作道」、
十七坪「一反　作道」、
十六坪「一反六十部（歩）作道」、
十五坪「一反　作道」、
十四坪「一反　作道」、
十三坪「一反小（一反一二〇歩）作道」
（同一一条）
十七坪「一反小　朱雀大路」、
飛鳥里十八坪「二反　朱雀大路」、
十五坪「一反　朱雀大路」、
十四坪「一反大（一反二四〇歩）朱雀大路」
（同一〇条）
河副里十八坪「一反　朱雀大路　作道」、
十七坪「一反六十部（歩）作道」、
十六坪「二反　作道」、

十五坪「二反　作道」、
十四坪「二反半（二反一二〇歩）雀小路、作道東」、
十三坪「二反半　雀小路」

（同九条）
上津鳥里十八坪〜十三坪「九十部（歩）〜五反三百部（歩）、川、池、荒」

これによれば、作道を「朱雀大路」とも称していたことが知られるが、河副里十三・十四坪では「雀小路」とも記していて失笑せざるを得ない。いずれにしろ「作道」ないし「朱雀大路」と記された道路敷が、各坪一段から二段半までの面積で、南北三里分（一九六二メートル、ただし一カ坪欠）記載されている。南北の直線道として計画・建設された道であったことを反映している。ただし南端付近の九条上津鳥里では、道路敷が湿地化して、川、池、荒地となっていた状況であったと考えられる。

この道路敷面積を道幅にすると一〇・九〜二七・三メートルとなるが、鎌倉時代末の記録でもあり、本来の道幅は不明である。道路敷が最大で幅約二七メートルであったとすれば大和国の下津道遺構（大和郡山市稗田）の約三〇メートル（両側溝を含む）に近く、最小の

約一一メートルであったとすれば、高槻市嶋上郡家跡および郡家今城遺跡で検出されている山陽道の道幅に類似する。前章で述べた官道の道幅と類似する規模ともいえよう。

一方、先に述べた唐橋経由の東への連絡道に代わって、直接平安京より東に向かって建設された東海・東山・北陸道の併用道についても、道路敷にかかわるとみられる平安末の記載がある。保元三年（一一五八）「山城国安祥寺領寺辺田畠在家検注帳案」（勧修寺《かじゅうじ》文書）には、「寺中」数十カ所の「田畠」に続き、次のような記載がみられる。

大路
　大槻里
　　卅六坪一町（内訳略）
　石雲里
　　卅一坪一町　乍（作）畠九反　大路一反
　　卅二坪一町（内訳略）
　　卅三坪一町（内訳略）
　　卅四坪四段（内訳略）

この表現からすれば、山科郡条里プランの東西に並ぶ「大槻里」と「石雲里」の北辺において、東西に一列に並ぶ五カ坪が、「寺中」と同列の扱いで「大路」と認識され、具体的には「石雲里卅一坪」のうちの一反だけがさらに「大路」とされて、畠面積とは別に記載されているのである。

一反（当時は三六〇歩）の道路敷とすれば幅一〇・九メートルとなり、先に述べた作道の道幅記録から推定した最小幅に等しい。おそらく一町幅（一〇九メートル）の帯状部分が「大路」の通過する位置（広義の道路敷か）と理解されていて、その内の一部に道路遺構があった状況を反映するものであろう。

このルートの方向は、位置や道幅は変化するが、近世の東海道に踏襲される。京の三条大橋から東へと向かった先に相当する。ただし平安時代においては、すでに述べたように橋は存在せず、鴨川の河原を直接渡渉したものと推定される。

このような京郊における、南への「作道」や東への「大路」のいずれも、平安京建設と同時につくられたのかどうかを証明する資料は、現在のところ知られていない。先に紹介した「鴨河辛（唐）橋」にかかわる道（「旧京路畷」）が利用された可能性からすれば、道路建設には平安京遷都後、しばらくの期間を要した可能性がある。

また、京郊では時期はさらに遅れるが、一六世紀前半ごろの九条御領辺図（『図書寮叢刊』九条家文書三）には、「京極以東へ二十丈」すなわち平安京の東方六〇メートル付近の鴨川東岸に、「法性寺大道（大路とも）」と称する南へ向かう直線道があったことを記している。いつから存在した道なのかは不明であるが、現在の大和大路に踏襲される位置の南北道であったとみられる。

2　大路を家々が占拠、田畑と化し細い道に

平安京右京の衰退

慶滋保胤《よししげのやすたね》著『池亭記』が、「天元五年（九八二）に右京がすでに衰微していた」と記述していることはよく知られている。また応徳三年（一〇八六）には、平安京域の「西（右）京」に「田三百余町」があり、検非違使を遣わして刈り棄て、牛馬の飼料としたとの記事（『扶桑略記』）もある。三〇〇町とは、右京の総面積の三割ほどに及ぶ。数字通りとすれば市街の衰

退が甚だしかったことを反映している。

先に引用した九条家本『延喜式』左右京図は一一四〇年代ごろに成立し、何回かの加筆があると考えられている。その左京図には多くの邸宅・施設が標記されているが、右京図には平安宮域と西寺の範囲のほか、わずか三カ所の邸宅の位置しか表現されていない。右京が衰微して、左京が事実上の京の市街となった結果とみられる。

左京を「東京」、右京を「西京」とも称したが（『拾芥抄《しゅうがいしょう》』など）また、東京を唐の東の都であった洛陽に、西京を西の都であった長安になぞらえた呼称も使用された。平安時代後期頃には、左京が市街の中心となり、京と洛陽が同義語化して、「洛中」と呼ばれることが多くなった。洛中に対して郊外は、「辺土」あるいは「洛外」と呼ばれた。鎌倉幕府の『吾妻鏡』には、鎌倉時代初期の五〇年ほどの間に、「京都・京師」という表現のほかに、「上洛・洛中」という表現も頻出する。呼称もまた変化したとみられる。

一方平安時代後期には、洛中の北部を「上辺《かみわたり》」、南部を「しもわたり」とする表現が出始め、やがてそれぞれが、「上京《かみぎょう》」「下京《しもぎょう》」と呼ばれるようになった。とりわけ一五世紀後半の一〇年間ほどに及んだ応仁・文明の乱による戦火は、上京と下京の市街を大きく分離することとなった。

洛中洛外図と称される市街を描いた屏風絵のうち、もっとも初期とされる一六世紀後半の上杉家本「洛中洛外図」に表現された街路は、図2－4のように左京中央部北端から北方とやはり左京中央部の三～四条付近の市街に相当すると推定されている。東端は万里小路《までのこうじ》、西端は大宮大路に相当するので、東西幅は左京の六割強の範囲でしかない。

しかも同図に表現した元亀三年（一五七二）頃の町組の範囲は、上京と下京の二つの市街群に大きく離れていた。ちなみにこの時期の前後、織田信長が建設した一五代将軍足利義昭

図2-4 上杉家本洛中洛外図に描かれた町通（太線）と元亀3年（1572）ごろの上・下京の町組の範囲

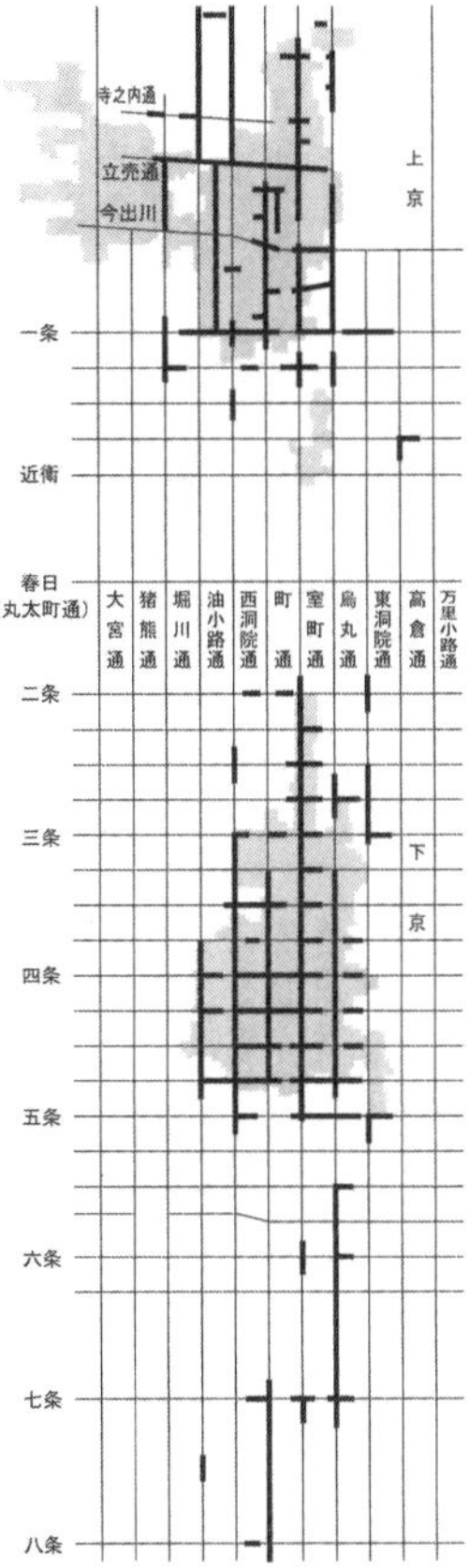

（出所）吉村亨原図

の二条邸、関白豊臣秀吉の聚楽第、徳川幕府初代将軍徳川家康による二条城は、いずれも上京と下京の中間付近に位置していた。

このように中世には、計画的な都城であった平安京が変貌するとともに、計画的な広い直線道であった方格状の街路もまた変化が著しかった。平安京の街路はすでに述べたように、別格の規模であった朱雀大路と二条大路を除いても、大路で道幅八丈（二四メートル）～一二丈（三六メートル）、小路で幅四丈（一二メートル）であった。しかし洛中と呼ばれることが多かった中世には、同じ街路であったにもかかわらず、状況は大きく異なっていた。

次に、その様相を眺めておきたい。

大路の中に湾曲した細道も

図2－5は上杉家本洛中洛外図よりやや早い時期、洛中（左京）の南端付近を描いた、大永三年（一五二三）の「左京九条四坊一町屋地図」（『図書寮叢刊　九条家文書　四』）と称する地図である。東西は「高倉少（小）路」と「東洞院大路」、南北は「九条大路」と「信濃（「信乃」とも表現）少（小）路」に囲まれた区画である。平安京の条坊呼称では、図名と異なって左京九条四坊四町の一帯に相当する。

図2-5　大路の中の細く狭い道
──大永3年（1523）左京九条四坊一町屋地図

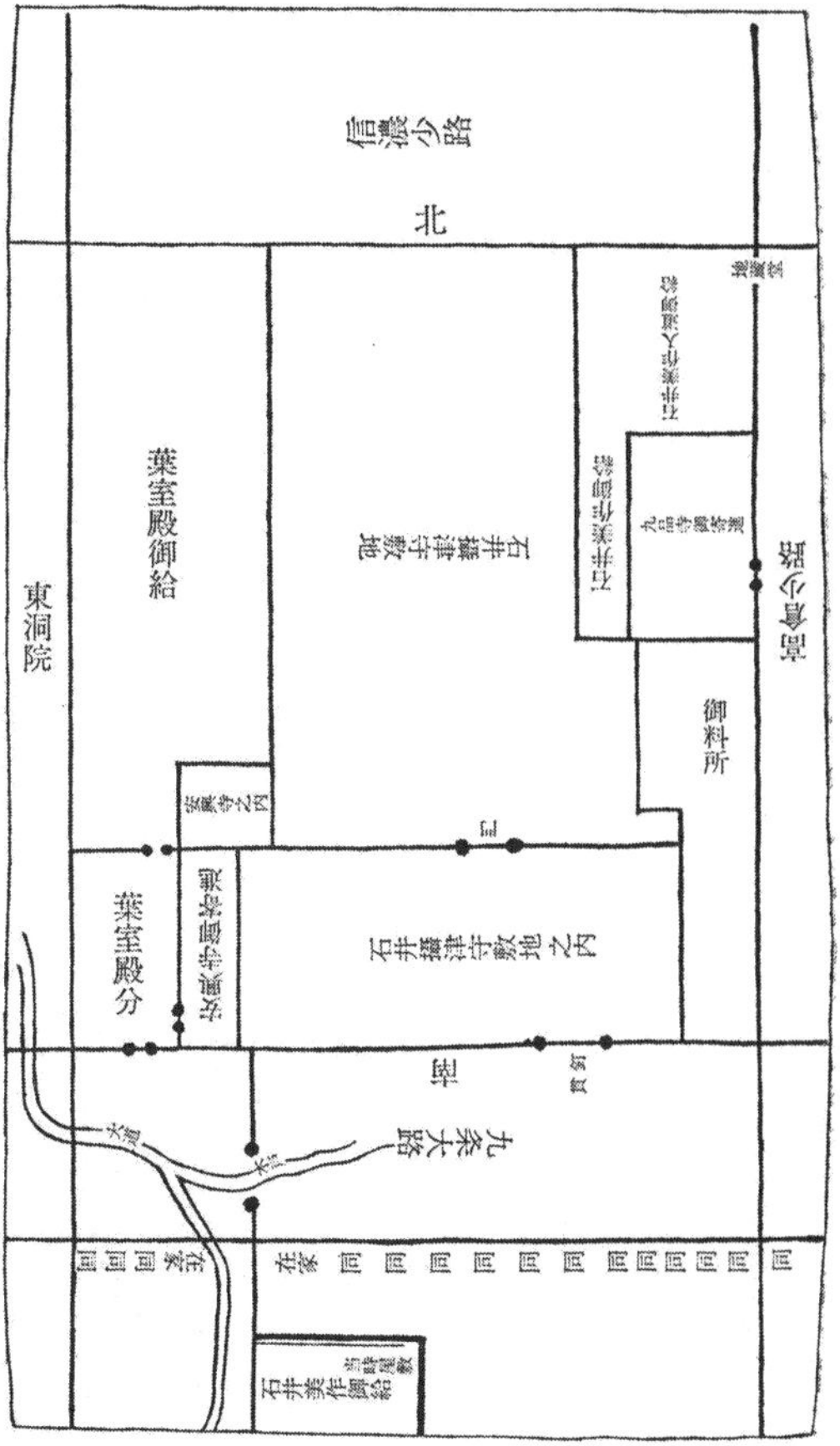

（出所）『図書寮叢刊　九条家文書4』（宮内庁書陵部編、明治書院）

方格の町の区画内にいくつかの屋敷地があり、二つの墨点で門の位置を示し、「門」あるいは「釘貫《くぎぬき》」と書き込まれている。「石井摂津守敷地之内」と記載された区画は、南を九条大路に面して釘貫を有し、北に門を開いて、やはり「石井摂津守敷地」を経て信濃小路にも面していた（門・釘貫なし）。これは、石井摂津守が大永元年（一五二一）、九条家によって罪を問われて殺されたのち、その後職《あとしき》にかかわって作製された地図と考えられている。

ここで注目したいのは、東洞院大路から九条大路にかけて本来の両大路の範囲内に細い湾曲した道が描かれ、それに「大道」と記入されていることである。この「大道」は、北から東洞院大路を南へたどり、九条大路の範囲に入ってから分岐して、一本は南へ、一本は東へ向かっている。

驚くべきは、その九条大路側の「大道」の途中に屋敷の門と同じ表現があって、「木戸」と記入されていることである。九条大路（幅一二丈）や東洞院大路（幅八丈）は本来広い直線道であるのに、その中に「大道」と称した細い湾曲した道があって、しかもその細い道に木戸が設置されていたのである。

同図に記入された門、釘貫、木戸の違いをにわかに識別することはできないが、一般的には門が屋敷などの正規の出入り口であろうことに比べて、釘貫や木戸は町や集落などの境界にみられることが多い。他の用例から見ると、道の途上の木戸とは、明らかに関所のような交通管理の施設だと思われる。この「大道」は、当時の実質的な道を表現しているものであろう。

なお、九条大路南の京域外側には「在家」が並んでいるように表現されていることも興味深い。在家とは、仏教的には出家していない俗界の人々を意味し、例えば荘園では、課税対象者の税負担の単位となる農家を指した。別の見方をすれば、在家は家・屋敷と農地を有した、どちらかと言えば自律的で有力な農民であった。

この場合の市街地での在家の具体的様相はわからないが、図2－5に記入された「在家」を、一般の住人・民家と考えておいても実態とは大きく離れないと思われる。従ってこの表現は、九条大路の南側の、本来の京域の外に住んでいた人々の存在を示しているとみられる。

また、東洞院から南へ向かう道が、やや東側へ曲がっている。これは、京内の条坊プランの南北の大路と、京外の条里プランに従った南北道が、本来別の道であったのを、曲げて連ねたからである。このルートは後に竹田街道と呼ばれる道に踏襲されている。

このような中世の道路には、洛中であっても、条坊制が機能していた古代のように、整然とした直線状の道路を維持する意図や行政的努力が必ずしも働いていなかったことを反映している。図2―5に見られるように、本来幅一二丈の広い九条大路が、そのまま大路の道路敷として認識されていても、実際に使用されているのは、その中の狭くて細い、湾曲した道であった。しかも、それを「大道」と認識していたことになる。

同図の石井摂津守の屋敷や道以外の表現を見ると、ほかにも門・釘貫の表現や他の屋敷もあって、さらに「地蔵堂」などもあった。つまりこの付近一帯には、市街と表現できるような状況が形成されていたのであろう。

このような市街の細部を表現した古地図は、ほかにもある。図2―6は、寛正五年（一四六四）に描かれた「山城国東寺寺辺水田幷屋敷指図（その二）」（『日本荘園絵図集成　下』）と名付けられた古地図である。

同図が示すのは左が北で、北の「八条」と南（右）の「針小路」付近との間、東（上）が「壬生」大路沿い一帯と西（下）が「坊城」小路沿い一帯である。

針小路の南に「寺内」と記されているように、東寺境内のすぐ北に接しているようであるが、本来の東寺敷地から見れば北西方にあたる。同図が描くのは、平安京左京九条一坊八町に相当するので、本来同坊の一一～一四町を占めた東寺の「寺内」が拡大していた可能性が

図2-6　道路敷の在家（山城国東寺寺辺水田并屋敷指図）

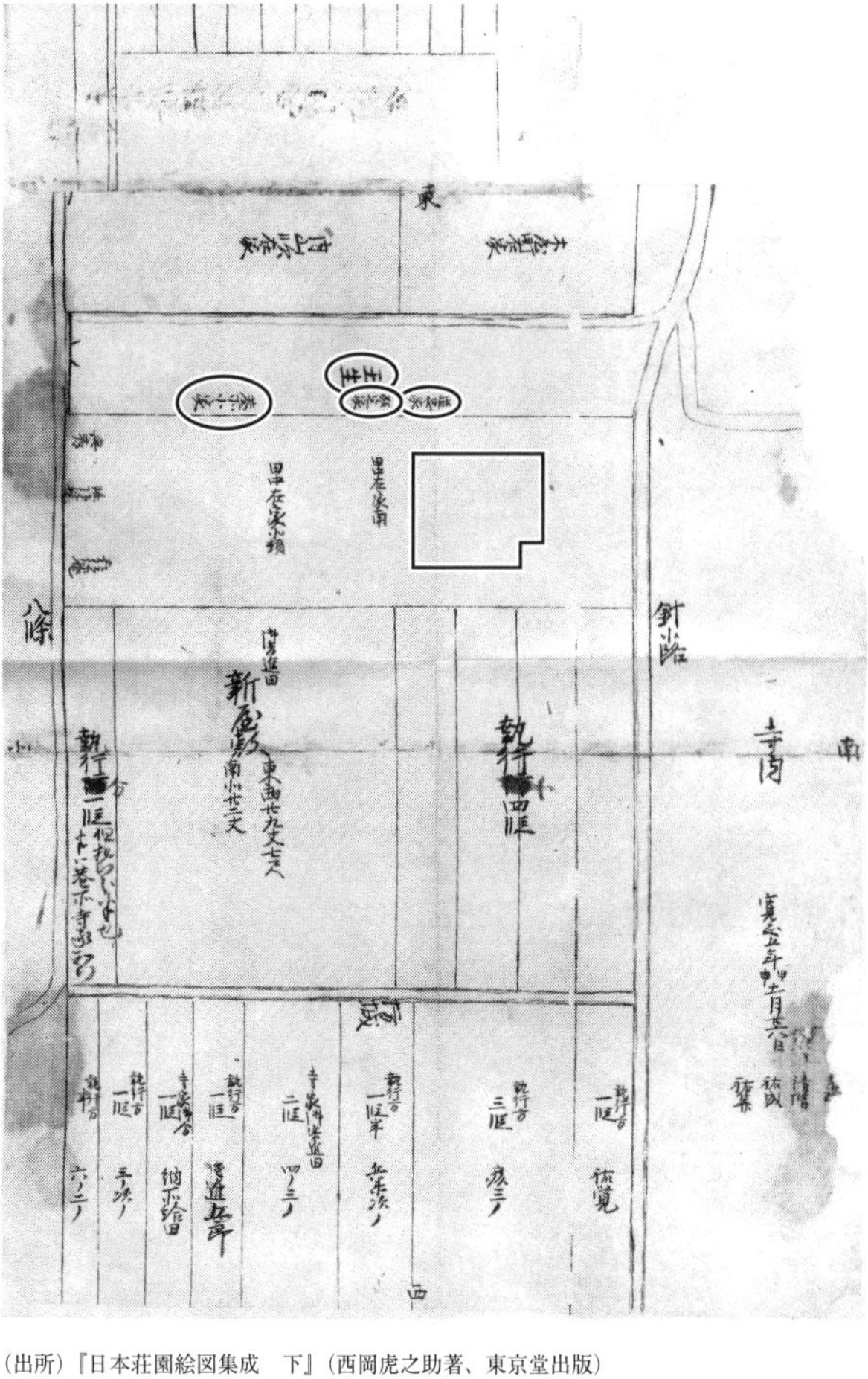

（出所）『日本荘園絵図集成　下』（西岡虎之助著、東京堂出版）

ある。

さて、同図の「坊城」小路より西（下）側には、「執行《しゅぎょう》（諸務執行の僧職）方」の田と「寺家御寄進田」が各一段〜三段の地筆として並んで描かれ、「坊城」小路の東（上）にも「八条」大路沿いに「執行分」の一筆（一段）と、南の「針小路」沿いに四筆（計四段）が描かれている。

この図にも細い道が描かれていることは、図2－5の状況と類似している。八条大路と針小路の間には、「新屋敷、田中在家」などがあったことが知られる。さらに東の「壬生」大路沿いの東側には「木屋町在家」「内山吹在家」などの区画が描かれている。

さらに、同図に「壬生」（囲み部分）と書かれた南北に通じた地筆が、本来一〇丈の幅であった壬生大路に相当する道幅である。ところがこの地図が描く実際の道は、壬生大路東端部の細い二本線になっており、本来の道路敷の西側が「道忠家、敬定家、巷所小家」など三カ所（囲み部分）の敷地となっていたことを示している。

この細い道は、同図東南隅で針小路と交わった後、屈曲して南へ向かうが、今度はもともとの壬生大路の西端付近をたどっているとみられる。つまり、本来の大路の道路敷内を曲がりくねってたどっていることになる。

本来の道路敷にある道忠家など三カ所の家は、大路・小路などの一部を占拠してできた「巷所《こうしょ》」と呼ばれる部分であり、同図の「巷所小家」という表現にも現れている。東寺の近くには、本来の左京内でありながら、このような巷所や新屋敷・在家・田地などが混在した町ができ始めていたとみられる。

また、「執行」が東寺の役僧を意味するので、東寺とのかかわりの中における変化の現象と見られる。本来の平安京の邸第や一般の宅地とも違いがあることになろう。

このような状況を東寺の「寺辺の町」と、とりあえずは呼んでおきたいが、図2－6でも平安京の広い大路が蚕食されて細い道となっていたことは図2－5と共通する。中世の洛中の道路は、平安京の計画道であった広い直線道が巷所で占拠され、一部が細い道として機能していた状況であったとみられる。

鎌倉・若宮大路の光景

中世に新たに出現した都市としては、鎌倉が代表的であろう。治承四年（一一八〇）に源頼朝が設置した幕府所在地であり、何本かの「大路」を有していた。

初期の鎌倉幕府は、「大倉御所」と呼ばれ、「侍所」も設置されて、後の幕府の原型となったことは、鎌倉幕府の正史にあたる『吾妻鏡』にも記されている。大倉御所は六浦道《むつらみち》（金沢街道）の北側（現在の鎌倉市雪ノ下地区）にあった。六浦道は、鶴岡八幡宮から東の六浦へと向かう、頼朝が幕府を開く以前からの主要な東西道であった。

頼朝が大倉御所を設置してから二年後の寿永元年（一一八二）、「若宮大路」の建設を始めた。『吾妻鏡』は、寿永元年三月一五日条に次のように記載している。「鶴岳社頭より由比浦に至る曲横を直し、詣往道を造る」とあり、さらに「北条殿已（以）下それぞれ土石を運ばる云々」とある。

つまり、鶴岡八幡宮から由比ヶ浜に至る真っ直ぐな参道をつくり、これには北条時政以下の有力武士が土石の運搬にあたった、というのである。この参道は由比浦（由比ヶ浜）に至るというのであるから、二の鳥居から八幡宮へのいわゆる段葛《だんかずら》だけではなく、若宮大路全体をさしているものであろう。若宮大路は、鶴岡八幡宮への「詣往道」と表現されているが、鎌倉随一の広い街路であった。

『吾妻鏡』によれば、さらに嘉禄元年（一二二五）には「新御所（いわゆる宇都宮辻子《ずし》幕府）」に幕府機能が移り、続いて嘉禎二年（一二三六）に「若宮大路東」に「御所（若宮大路幕府）」を建設したとされる。

若宮大路建設から一〇〇年以上を経た、一遍上人没後一〇年にあたる正安元年（一二九九）、弟子の聖戒が法眼円伊なる絵師に描かせたという『一遍聖絵（巻五）』には、若宮大路と思われる描写がある。「こぶくろざか（巨福呂坂）」より鎌倉に入った、ぞろぞろと人々と行脚する一遍が、従者を従えた馬上の侍（北条時宗）に会っている場面である。

この場面は、板葺きのように見える、いろいろな形の民家が並んだ街の路上であり、道の中央には溝が走り、ところどころに板の橋が渡してある。絵画であり、このままが事実であるとは言えないとしても、道幅が広く、また繁華な道と思われる道の描き方である（図2－7）。

鎌倉には、このような東西の主要道「六浦道」、南北の中心道「若宮大路」のほかにも街路があった。『吾妻鏡』には、「武蔵大路」「大町大路」「小町大路」などの大路の名称がみられる。

武蔵大路は、「亀谷辺」の「群盗」騒ぎにかかわって記述されている箇所があり、亀ケ谷《かめがやつ》にかかわる位置であろう。大町大路は「若宮大路米町口」と接続しており、「米町辻大町大路」で合戦があったとも記され、東西道であったとみられる。小町大路は一連の失火記事中に見え、「幕府」や「若宮神殿廻廊」なども同時に被災しているので南北道であった可能性が高

図2-7　鎌倉の街路

（出所）『一遍聖絵』

い。

武蔵大路は、鶴岡八幡宮の西方から、若宮大路の西側の南北路であった今小路に接続する街路、大町大路は南部の東西路（三浦半島方面へ向かう）、小町大路は若宮大路東方の南北路（JR鎌倉駅前から北上する道を小町通と称しているので紛らわしい）とするのが通説である。

直線状で広い若宮大路と異なり、東へ向かう六浦道など、ほかの道幅は広くない。にもかかわらず『吾妻鏡』は、武蔵大路、大町大路、小町大路などと、これらの道を大路と表現している。京都風の碁盤目の街路からなる都市を構想していたとの説もあるが、むしろ京都に倣ったのは大路という呼称であったかもしれない。

鎌倉は周囲を山で囲まれた都市であり、六浦道の出入り口も六浦口と呼ばれ、山越え部分には山を切り窪めた朝夷切通《あさいなきりどおし》があるのが特徴である。『吾妻鏡』の記載によると、仁治二年（一二四一）に「六浦道」の工事を始め、「諸人群集」して、それぞれ「土石」を運んだという。「新路」とも称されているので、かなり本格的な工事であったとみられる。この時の工事が朝夷切通の建設だと考えられている。

鎌倉と三浦半島方面を結んだ「名越坂」（『吾妻鏡』天福元年〈一二三三年〉、現在の名越《なごえ》切通《きりどおし》とするのが通説）も著名である。坂と記されているように、やはり峠越えの道であり、その「第一切通」は写真2－2のように岩を削って設けられている。現在の路面は幅一～一・五メートルに過ぎないが、地下には幅約三メートルの路面が検出されている。後に側壁が崩れて埋まったものと考えられているが、いずれにしても狭い切通しである。

鎌倉末の戦乱を記した『太平記（巻第十）』には、鎌倉を攻める新田義貞軍が「極楽寺坂」へ至って「切通」を望む様子を記し、これに対して大佛《おさらぎ》貞直が「極楽寺ノ切通」を支え防ご

写真2-2　鎌倉名越切通（第一）

（出所）筆者撮影

うとしたことを語っている。さらに「鎌倉合戦」の段では、「極楽寺ノ切通」に加えて「巨福呂坂」「化粧《けわい》坂」での戦闘の様子も描いている。

鎌倉内外を結ぶ主要道の山越え部分に設けられていた切通しは、狭いとはいえ、通行に便利な箇所であったであろうが、同時に通常の出入り管理および、非常時の防衛拠点としても重要となる地点でもあった。

いずれにしろ鎌倉において、名実ともに平安京の大路と類似の広い直線道であったのは若宮大路のみであったとみられる。切通しもまた、鎌倉のそれは古代の直線官道の場合と異なって、極めて狭い通路であった。

中世には京都の大路も、本来の広い直線道であった道路敷の一部を通る、細い道となっていたことはすでに述べた。その状況は各大路によっても異なっていたであろうが、いつから始まったかは不明である。しかしその状況が、平氏政権のころにはすでに始まっていたとすれば、鎌倉に先行する時期となり、鎌倉に先行して存在したのは、平安末の京都であったことになる。

市街地となった嵯峨嵐山

先に紹介した東寺の寺辺の町が形成され、また大路が細い道となっていく以前の一〇世紀ごろには、平安京西北方の嵯峨嵐山一帯に、源融《みなもとのとおる》（八二二～八九五）の山荘・棲霞観であった地に建立された棲霞寺《せいかじ》（現在の清涼寺〈釈迦堂とも〉の位置）や、嵯峨天皇の皇后であった橘嘉智子の建立による壇林寺《だんりんじ》などがあり、「棲霞寺路、壇林寺路」などもあった。しかし全体としては、口分田や荘園の田地が多い地であった（「山城国葛野郡班田図」）。

ところが建長七年（一二五五）の後嵯峨上皇による亀山殿（天龍寺付近）造営を契機として、嵯峨嵐山一帯は次第に市街地としての様相を呈するようになった。さらに建武二年（一三三五）、後醍醐天皇によって、夢窓疎石を開山として臨川寺が建立され、同年足利尊氏によって、やはり同じ開山により天龍寺が建立されていた。

このころの嵯峨嵐山一帯を描いた次のような地図類（いずれも『日本荘園絵図聚影』二）が残されている。

① 山城国嵯峨亀山殿近辺屋敷地指図（南北朝時代、以下、亀山殿指図）
② 山城国臨川寺領大井郷界畔絵図（貞和三年〈一三四七〉の識語あり、以下、臨川寺領

絵図）

③ 山城国嵯峨諸寺応永鈞命《きんめい》絵図（応永三三年〈一四二六〉の識語あり、以下、鈞命絵図）

亀山殿指図には、亀山山麓から東に広がる「亀山殿」の東面を、南北走する「惣門前路」と、その東を平行に南北走する「朱雀大路」が描かれている。東西路は、この両路の間に「芹川殿北路」など四本と、朱雀大路から東へ延びる「作道」が描かれている。

亀山殿の北部には「浄金剛院」などの堂宇が描かれ、惣門前路の東側には、「北政所御所、相乗殿宿所、武家人秋葉三郎入道宿所」など、各種の御所や「宿所（役宅）」が所在したことを表現している。いずれも大小の方形の区画からなっていた。

臨川寺領絵図では、旧亀山殿の大半の地を踏襲した天龍寺が描かれ、北側には「金剛院」などの堂宇が、東南東には「臨川寺」や「下司屋敷」などがあったことが表現されている。亀山殿指図には朱雀大路とされていた位置に「出釈迦大路」が、さらに東側には南北の「薄《すすき》馬場」が描かれている。亀山殿指図の惣門前路に相当する南北路はなくなっていたとみられる。東西路では作道が「造路」と表現され、道路名は標記されていないが芹川殿北路に相当する道も描かれている。造路の北側に、やはり出釈迦大路から東へ、途中まで「紺屋厨子」

と記入された小路が延びている。

臨川寺領絵図で特徴的なのは、各所に「在家」の所在が表現されていることである。旧芹川殿北路の南側に三カ所、出釈迦大路・造路沿いに三カ所、在家の文字が記入され、在家群の存在を表現しているようである。在家を堂宇でもなく、役宅などでもない一般住居とすれば、道路沿いの市街の出現を表現していると思われる。

釣命絵図では、表現範囲が北へ大きく広がっていること、「―院、―庵、―堂、―寺」などの堂宇の表現が、道沿いに門を描いて名称を付す形となっていることがまず大きな違いである。また道沿いに多くの「在家」の文字が記入されていることも特徴的である。同図では、このような堂宇の表現が計一七四カ所、在家が一四四カ所に及ぶ（図2－8参照）。

出釈迦大路の名称は記入されていないが、それに相当する道が「釈迦堂」から南へ延びる様子が描かれ、「薄馬場、造路」も描かれているが、造路の東端で分かれている先には「小溝、今堀」と道らしくない名称が記入されている。

釣命絵図では、全体として嵯峨嵐山の市街が拡大し、道路沿いには膨大な数の在家・堂宇が表現されていることから、市街が広がり、密度がかなり高くなっていたものと推定される。同図には街路に加えて、臨川寺領絵図にも描かれていた「紺屋厨子」のほか、「今厨子」

図2-8　山城国嵯峨諸寺鈞命絵図（部分、上が南）

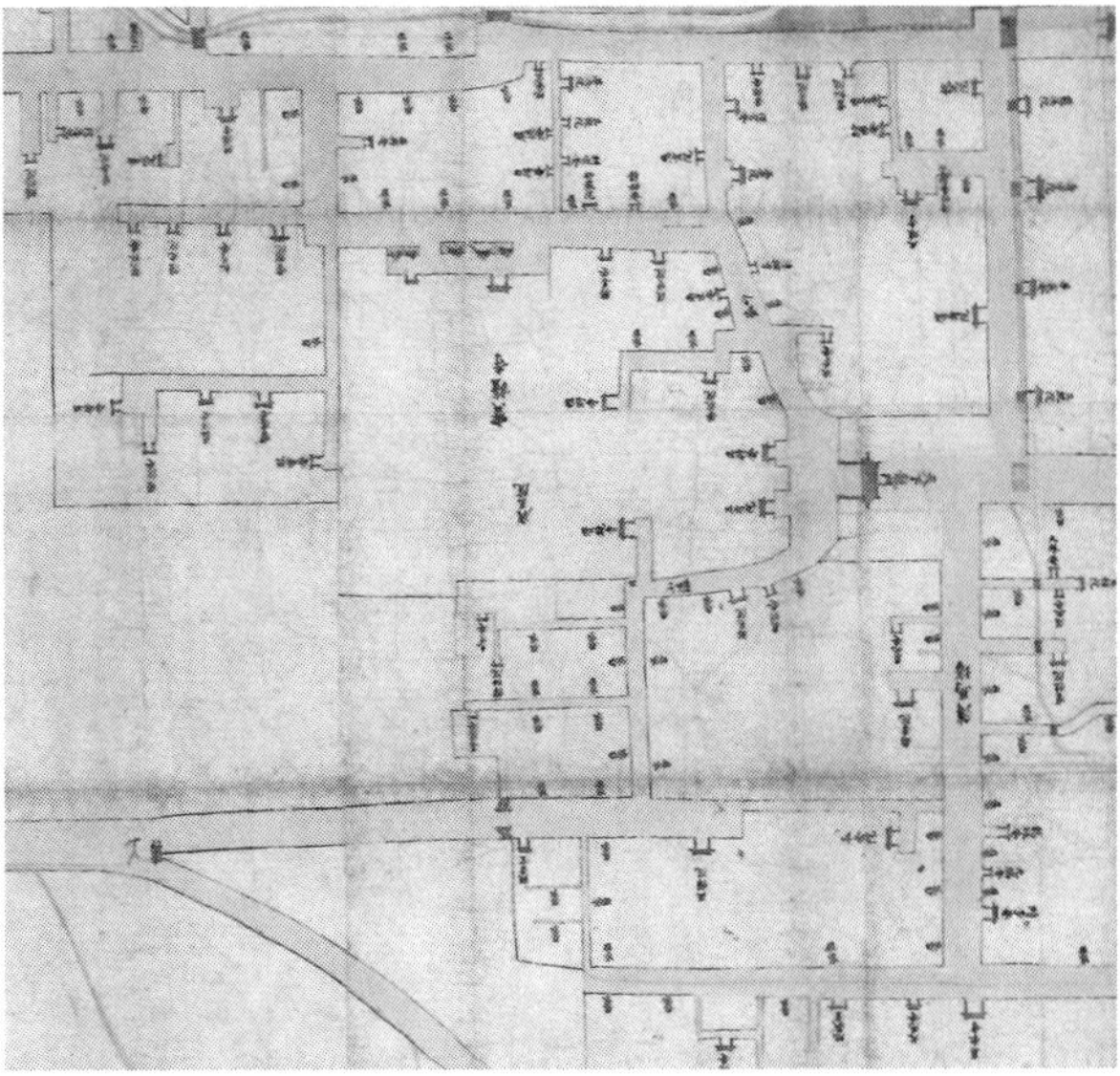

（出所）『日本荘園絵図聚影二近畿一』

も描かれているが、この厨《ず》子《し》については後に改めて言及したい。

形骸化していく方格街路

嵯峨嵐山の町や、東寺の寺辺の町の形成が進んだころ、永正一六年（一五一九）の年紀を持つ「山城国京都九条条領条里図」（『荘園絵図聚影　二　近畿二』、〈『日本荘園絵図集成　下』は「京都九条図」と表現〉、以下「九条領条里図」と略称）には、図２－９①のような部分があり、やや不思議な表現をしている。

同図は全体として、もともとの平安京南辺付近における、北は「唐橋」小路から、南は「信乃少路、九条」一帯まで、さらに京南郊における、紀伊郡の「大副里、三木里」付近を描いている。同図の表現の概要を図2―9②に示している。

東は「富少路」の東の町から、「万里少路、高倉少路、東洞院」を経て、東洞院大路の西側の町までの範囲である。なぜこの範囲なのかについてはこの図の裏書に説明があるので、地図作製の意図が明らかとなる。興味深いので、その説明をまず再掲したい。


上唐橋《かみ》、下《しも》三木里の一の坪迄、東洞院の通を限りて、十四丁の分、不審の子細あるに依りて、検知せしめんと欲するの処に、里坪の境《さかいめ》無案内の（間）、使者の廃忘に備えんが為、本来の図の内を省略せしめ了《おわんぬ》。


九条家の領地に不審のところがあるので確認しようとしたところ、条里プランの里坪、つまり方格の境界がよくわからないので、備忘のためにこの地図を作ったというのである。

確かに同図は、平安京の条坊プランと南側（紀伊郡）の農地部分の条里プランの関係を示し、条里プランの坪並みの番号を標記して、屋敷や寺社などの位置を記入している。しかも、京内の左京九条四坊三町に相当する部分と、条里プランの紀伊郡大副里三・四・五坪付近（図２―９①）には、所有状況を詳しく記入している。おそらくそれが、主要な関心対象であったものと思われる。

この図では、「大副里」の北端の坪列の半分ほどが、京域の条坊プランに削られている位置関係を、ほぼ正確に表現している（図２―９②参照）。

ところが特徴的なのは、「富少（小）路、万里少（小）路、高倉少（小）路、東洞院（大路）」などの平安京の南北街路を、そのまままっすぐに南へ、京外の条里プランの部分にも延長し、大副里の南部あるいは三木里の北部に至るまで描いていることである（図２―９②参照）。

確かに富小路の南への延長は、実際に大副里の坪の境界線とほぼ合致するが、それ以外は図２―９②のように、実際は合致しない位置である。従って「九条領条里図」が表現している理解では、左京九条四坊三町の部分については説明が可能であっても、大副里三、四、五、六坪付近については実態の誤認識を解消するには至っていないことになる。

一方、東洞院大路の延長と高倉小路の延長の間における大副里三～六坪中央に、別途に広

図2-9① 山城国東九条領条里図（部分）

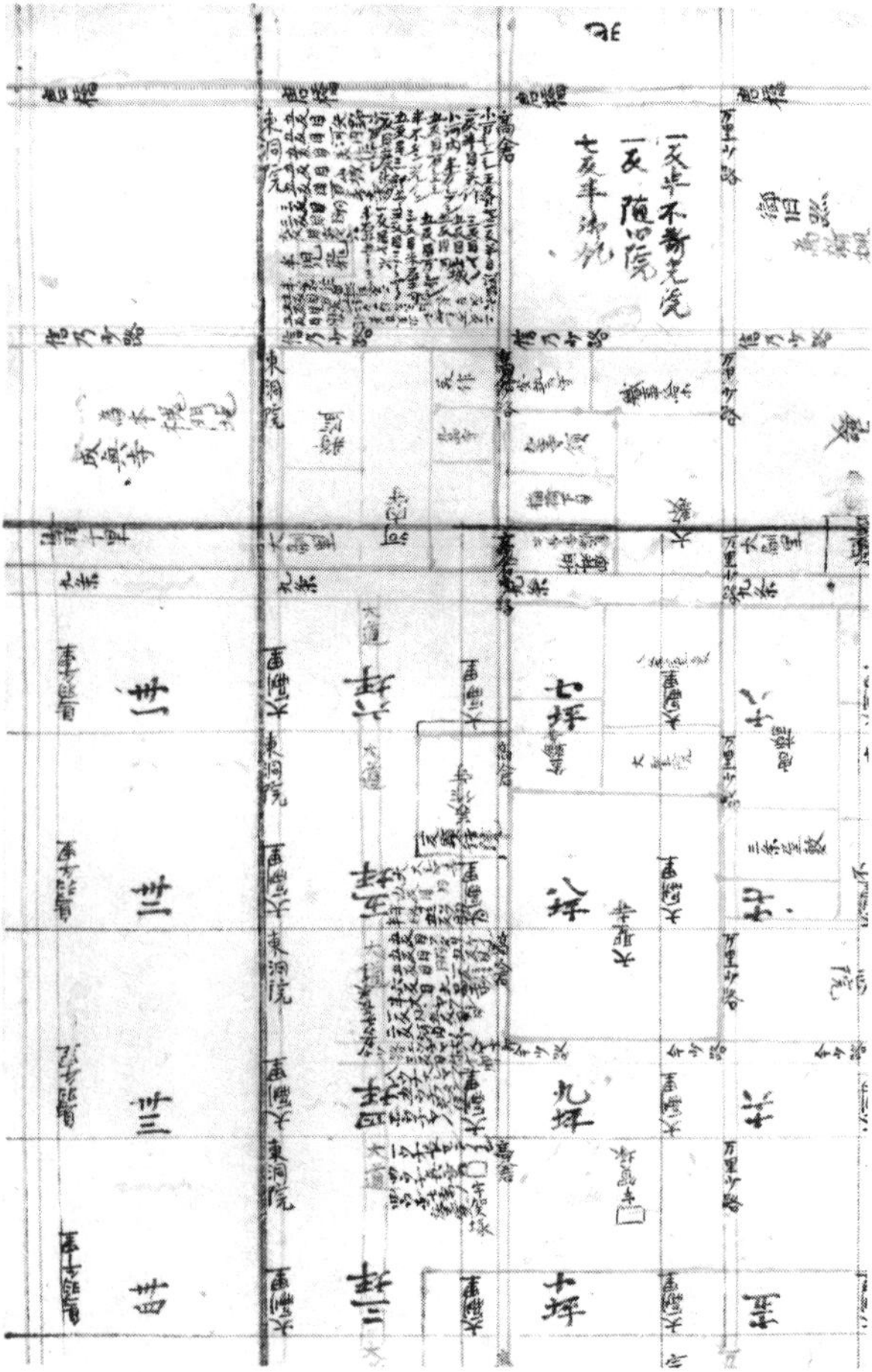

（出所）『日本荘園絵図聚影二、近畿一』

図2-9②　山城国東九条領条里図の表現と大副里付近の条里プラン

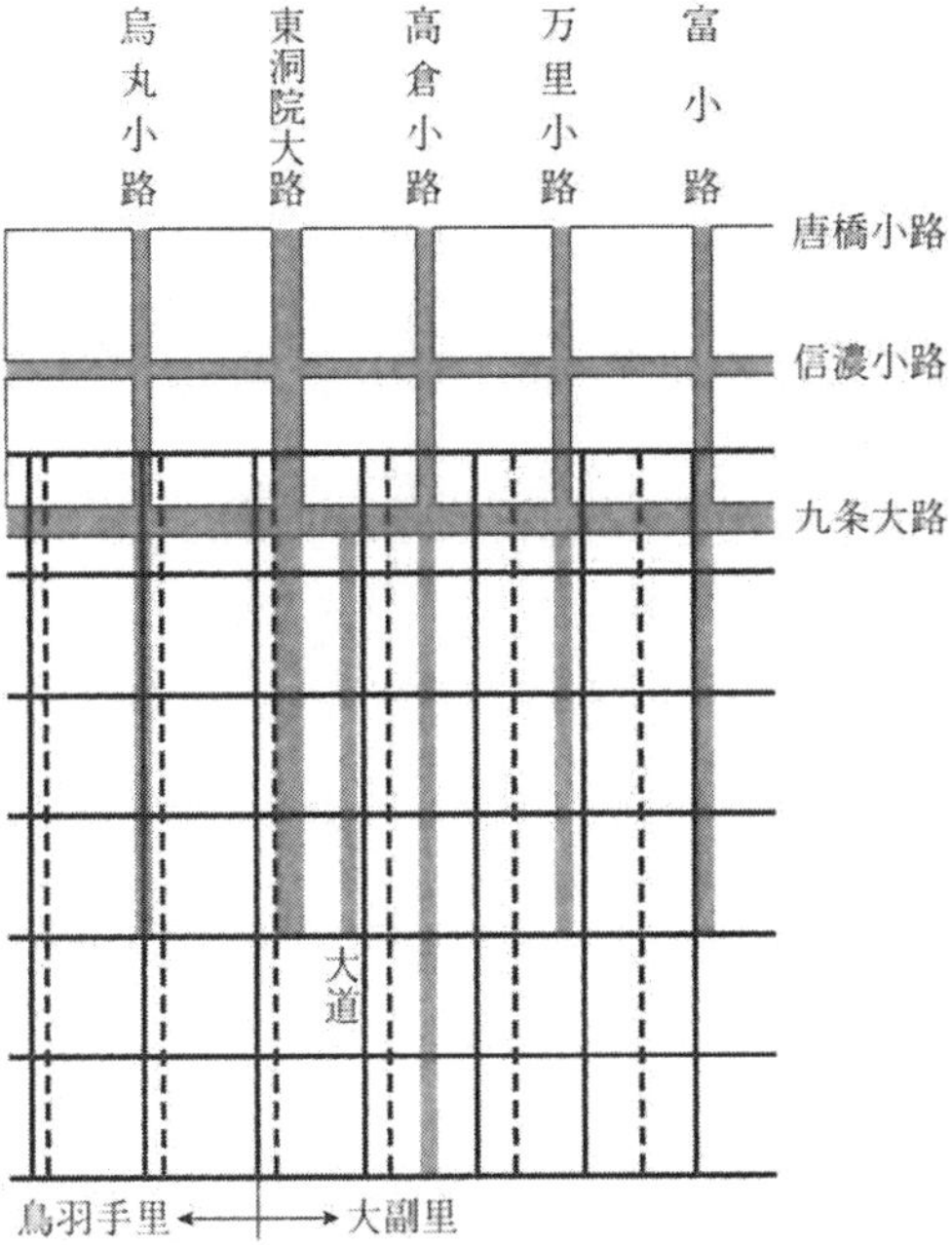

灰色線＝東九条領条里図の道の表現
点線＝東九条領条里図の町（平安京）と坪（紀伊郡）
実線＝実際の町（平安京）と坪（紀伊郡）の位置
（出所）（金田、2016）

い幅の南北道を描き、五カ所にわたって「大道」と記入している（図2－9①）ことが目につく。実際には（図2－9②参照）のように、この「大道」は東洞院大路とは位置がずれているので、東洞院からは湾曲して接続しないと、この「大道」に続くことはできないが、この九条領条里図は両者を別々の道として表現しているのである。

先に取り上げた図2－5は九条東洞院付近を表現しているので、図2－9①の「大道」とは屈曲して連続する道であったことになるが、九条領条里図では、連続した現実の道としての理解には至っていなかったとみられる。

裏書の説明のように、「不審の子細」が生じたことは当然であろうが、変化しつつある洛中（平安京）南辺付近の現状把握ができておらず、本来の平安京条坊プランを単純に紀伊郡の条里プラン部分に延長している。机上と現実の二つの認識のギャップを埋め切れないままに、この地図を作製していることになろう。現実には、東洞院大路（の中の「大道」）が九条大路南部付近で大きく東へと湾曲して大副里三～六坪中央付近に至るのであり、現在の竹田街道に踏襲される道路を表現すべきであった。

この地図は九条家（裏書の花押はおそらく九条尚経）のものであり、厳密には九条家の認識であろう。しかし、平安京の貴族・宮廷人の流れを強く引く人々にとって、一六世紀に至っても本来の平安京の理解が重要であり、それでありながら一方で、平安京とすぐ縁辺との関係を理解することさえも極めて難しかったことを反映している。

ところで、近世を経て近代に入った後であるが、大正一一年（一九二二）に作製された大縮尺（三〇〇〇分の一）の地図によって、当時の京都の街路を全体として確認できる。左京部分（洛中）ではかつての大路であれ小路であれ、いずれも一〇〜二〇メートルほどの同じような道幅となっていた（図2－10参照）。

また洛中（左京域の一部）では、街路が概して継続的に使用され続けてきたと推定され、道幅を除けば、全体として方格の街路網をよく残している。このことは、洛中では実用的な道幅として方格街路網が継続した結果であろう。これに対して平安時代にすでに大半が耕地化した右京部分（洛外）では、これとは異なり、道の遺構は断続的である（道としては機能していない）が、大路・小路のもともとの道幅を反映した地割形態を残している部分が見られる。

このような後世の状況からすれば、平安京以来の市街でも、すでに東寺寺辺の町の例でみたように、遅くとも一五世紀には変貌が著しかったことになろう。街路は計画的な広い直線道から、実用的・実質的な道幅の状況へと変化し始めていたと考えられる。このような変化

図2-10　平安京街路の遺構

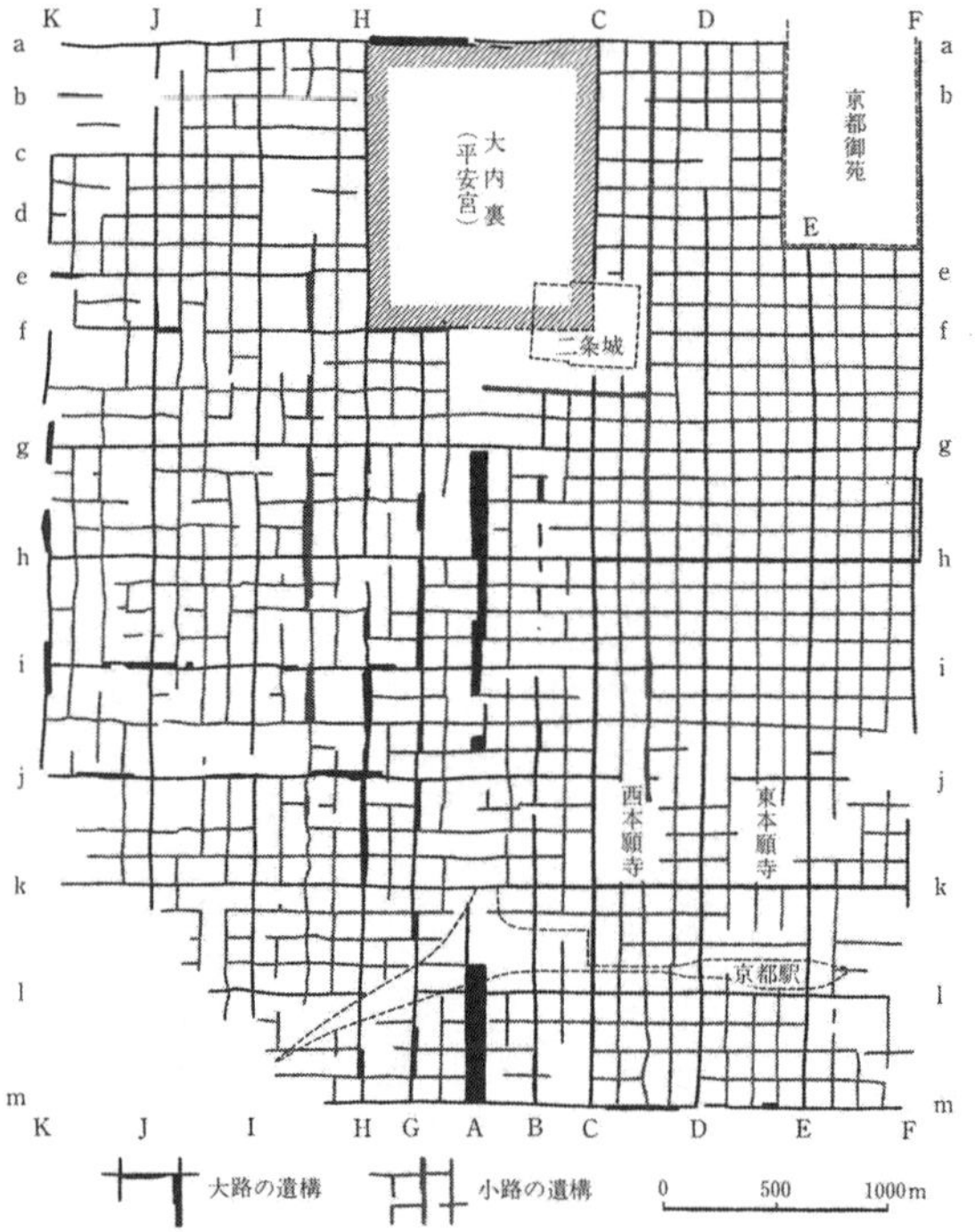

（出所）（金田、2002年）

が継続し、近代におけるその結果が、図2－10の道路あるいはその遺構の状況である。

図2－9①②のように、このような変化に伴って貴族・宮廷人もまた、彼らの認識の中の平安京と、変化しつつある現実の道路網とのギャップを埋める努力が必要となったのであろう。ただし、この京都九条図の表現の例にみられるように、一帯に所領を有していた九条家にとってさえ、現実認識がきわめて不完全であり、また実際に困難であったことを示していると思われる。

3　防衛を意識した近世城下町の街路

城郭の門内にみられる虎口

近世になると、領主の城郭は平地の平城や、低い丘陵上の平山城《ひらやまじろ》が一般的な状況となった。周辺には城郭を中核に市街が整備され「城下」を構成した。現在では、城郭部分と城下部分を一体として「城下町」と通称されることが多いので、以下では両者を区別して使用することにしたい。

さて城下町の主要な構成要素は、城郭ならびに濠に代表される囲郭はじめ、上級〜下級の武家屋敷群、寺院群、町屋地区、道などであり、これらが計画的に配置されるのが普通であった。矢守一彦は、これらの配置の構造が「戦国期型」では未分化であり、近世に入って「地域制」が明確となり、「惣構型、内町・外町型、郭内専士型、解放型」などの類型が生じたとしている。

囲郭の濠は重要な構成要素であり、同時にこれらの各種の地域を画する基本枠組みでもあった。城下の道の方は、これらの地域を結び付け、またこれら内部の各屋敷・敷地に面して出入り口となり、あるいはそれらのまとまりを区画する役割などを有した場合もあった。このような城下の道は、街区を伴っているという点で、街路と呼ぶことのできる状況であった。

近世の主要街道については次章で改めて述べるが、当時の政治中心であり、経済・文化の領域中心であった各地の城下を、街道は全体として繋《つな》ぐように通じていた。城下からみればそれらの街道が、城下の街路と接続したり、城下に引き込まれたりしている状況であった。ただし、それらと城下の街路と街道との接続や、城下への街道の引き込み状況は多様であり、少なくとも外部からの街道が、直接的に城郭の門に向かっているようなことはなかった。

城郭のいくつかの門付近には、しばしば虎口《こぐち》と呼ばれる防御施設が設けられていた。虎口には、周囲を石垣・土塀や門などで囲まれた形状のものが多く、虎口に外部からの者や敵が入った時に、観察・包囲できる形であった。典型的なものは方形の桝形《ますがた》を形成した虎口である。桝形は、城郭の門付近のみならず、外部からの道が城下に入る位置に設けられている場合もあった。例えば京都の二条城東大手門の内側は非常に広いが、やはり建物や塀で囲まれている（写真2－3参照）。

代表的な名城の一つとされている熊本城の場合にも、城下の周囲に桝形が配されていた。熊本城は、加藤清正によって本格的に建設され、慶長一一年（一六〇六）に一応の完工を見た。寛永九年（一六三二）に清正の息忠広が改易され、新たに入部した細川忠利が城下の工事を進め、天保年間（一八三〇～一八四四）に至ってようやく最終的に完成したという。

例えば、「平山城肥後国熊本城廻絵図」（『新熊本市史　別冊一　絵図・地図上』）と題する、寛文一二年（一六七二）～延宝三年（一六七五）ころと推定される城下絵図には、少なくとも計八カ所の桝形があった。そのうちの一つ、塩屋町南辺のものは図2－11のような構造であり、塀や建物で取り囲まれた典型的な桝形であった。外部から桝形に到達した人や荷をここで確認したり、非常時などの場合によってはそれを挟撃したりすることも可能な構造

写真2-3　二条城東大手門の内側

（出所）筆者撮影

であった。

彦根城下の場合、図2－12のように中濠と外濠に「高宮口御門」など一一カ所、城郭を囲む内濠に五カ所の門が設けられていたが、すべてに桝形の構造を伴っていた。琵琶湖東岸では中山道に次ぐ主要道であった朝鮮人街道は、高宮口御門から外濠の内側に入り、北へと「通町、伝馬町、佐和町」などの内町を経た後、切通口御門で外濠を越えて外側に出た。外側でもさらに、「彦根町、柳町、外船町」などの外町を経て城下の外に出た。道幅は三間半～四間（六・三～七・二メートル）であっ

図2-11 熊本城下の虎口（塩屋町南辺）

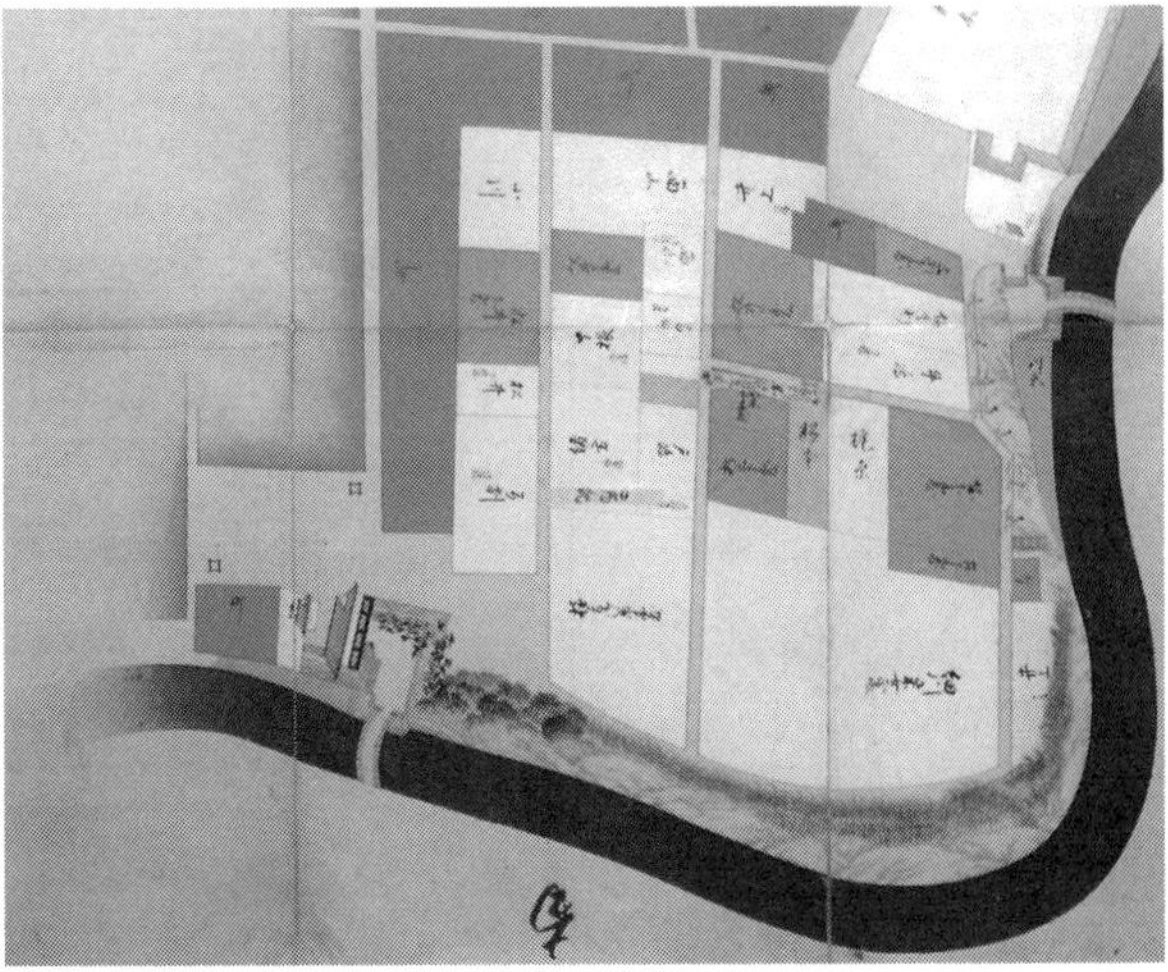

（出所）『新熊本市史 別冊第1巻 絵図地図上』（熊本市）

た。

このような熊本・彦根のみならず、多くの城と城下にそれぞれの防御施設が設けられており、とりわけ巨大な城郭・城下であった江戸の場合には、内濠、中濠、外濠のそれぞれいくつもの門に、桝形の虎口が設定されていた。

大手道と本町通

街道とともに、城下の主要な構造を規定する街路は大手（追手とも）道であった。大手道とは本来、城郭の正門である大手門に向かう道であった。大手道は大手通と呼ばれる

図2-12　彦根城と城下の門

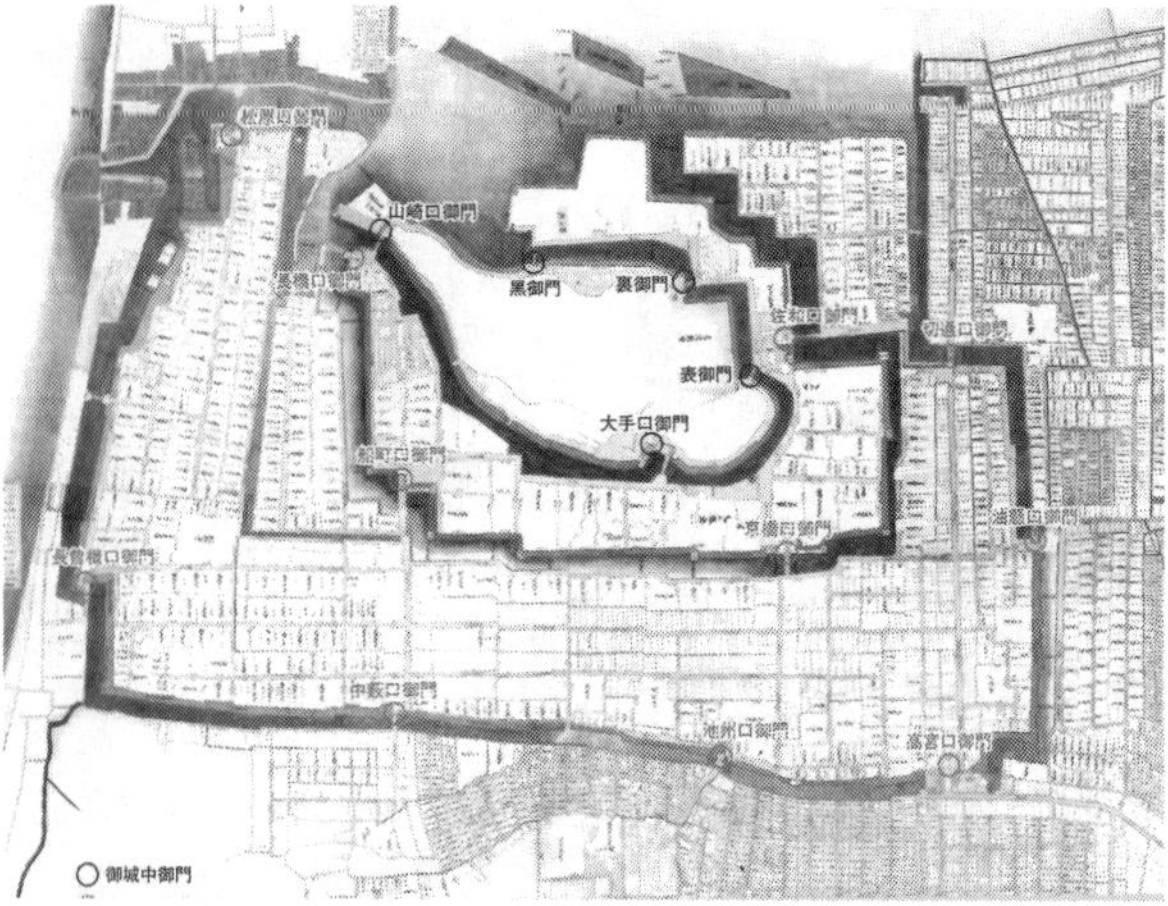

（出所）『新修彦根市史　景観編』

こともあり、この街路に沿った町が大手町と称されることもある。

豊臣秀吉が建設した伏見城下（京都市伏見区）の場合、「大手筋」がこれにあたる。ただし、すべての城下が大手門へ直接向かう街路を有しているわけではなく、例えば井伊氏の彦根城下では、大手口の門に通じる道は城郭南側の内濠沿いの東西道である。従ってこの道は、正門に向かう橋とは直角となる方向である。彦根には、大手門へと向かう方向の道という意味での大手道ないし大手通という街路名はなかったことになる。

伏見の場合、大手「通」ではなくて

大手「筋」なのは、先行した街道の方向に関わるというのが、足利健亮の説である。京・奈良間の大和街道が南北に通過し、大手「筋」はそれと直交したために、横町を意味する「筋」と呼ばれたとされる。

ところが大阪（近世は大坂、近代以後は大阪）の場合、状況はやや複雑である。大阪の現在のメインストリートは、よく知られているように南北方向の「御堂筋《みどうすじ》」である。確かに、中心市街北部のターミナルである「キタ（梅田付近）」と南部の「ミナミ（難波《なんば》付近）」を結ぶ主軸街路ではある。さらに、「堺筋、谷町筋」など、南北のほかの主要道が基本的に筋の名称で呼ばれる。このようなメインストリートが「筋」であるとは、理解に苦しむことになる。

しかも大阪の「本町通」は、大阪城に向かう東西方向であり、「伏見町、道修町、平野町」などの町通も、同じように東西方向の町通である。町通は基本的に四・三間（七・八メートル）幅であり、もともとは幅三・三間（六メートル）であった筋より広い街路であった。近世以来、大坂の中心、船場・島之内の市街は、本町通をはじめとする東西方向の街路が中心街路であった。

この構造が、南北の交通ターミナルの形成と、一九二〇年代中ごろの御堂筋の拡幅工事によって、それがメインストリートとなり、現在の大阪市街の構造へと変わったことによるものであった。大阪については改めて第4章で取り上げる。

巨大な城郭と城下からなる江戸の場合も単純ではない。江戸城の大手門は、東側の内濠内にあり、現在も同位置に復原されている。大手門の外側は慶応元年（一八六五）改版の「尾張屋版切絵図」では中濠の内側であり、「酒井雅楽頭、一ツ橋殿、歩兵屯所」などの大名屋敷がある城郭の一部であった。

高知城下にも「追手筋」があるが、状況はこれらとはまた異なっている。高知城には、城郭の東南に「御城御門」ないし「追手御門」があり、桝形を伴っていた。追手筋はこの御城御門に向かう東西道である。時期の異なった城下絵図には、「大手御門筋」「大手門筋」等とも表記され、門近くには上級武家屋敷などが配置されていて、町屋地区ではなかった（「高知御家中等麁図《あらず》」『描かれた高知市』収載）。強いて想像すれば、「町」通でないので、「筋」と表現された可能性がある。

高知城下では、この追手筋と並行して北側に「永国寺町」、南側に「帯屋町、本町」などの町屋地区があった（図2−13参照）。東西方向が主軸であり、東西方向の本町通には両側町が形成されていた。「本丁」一丁と二丁の間の道は筋ではなく「横丁」と呼ばれていた。

図2-13　高知城下（本町・追手門筋付近、上が南）

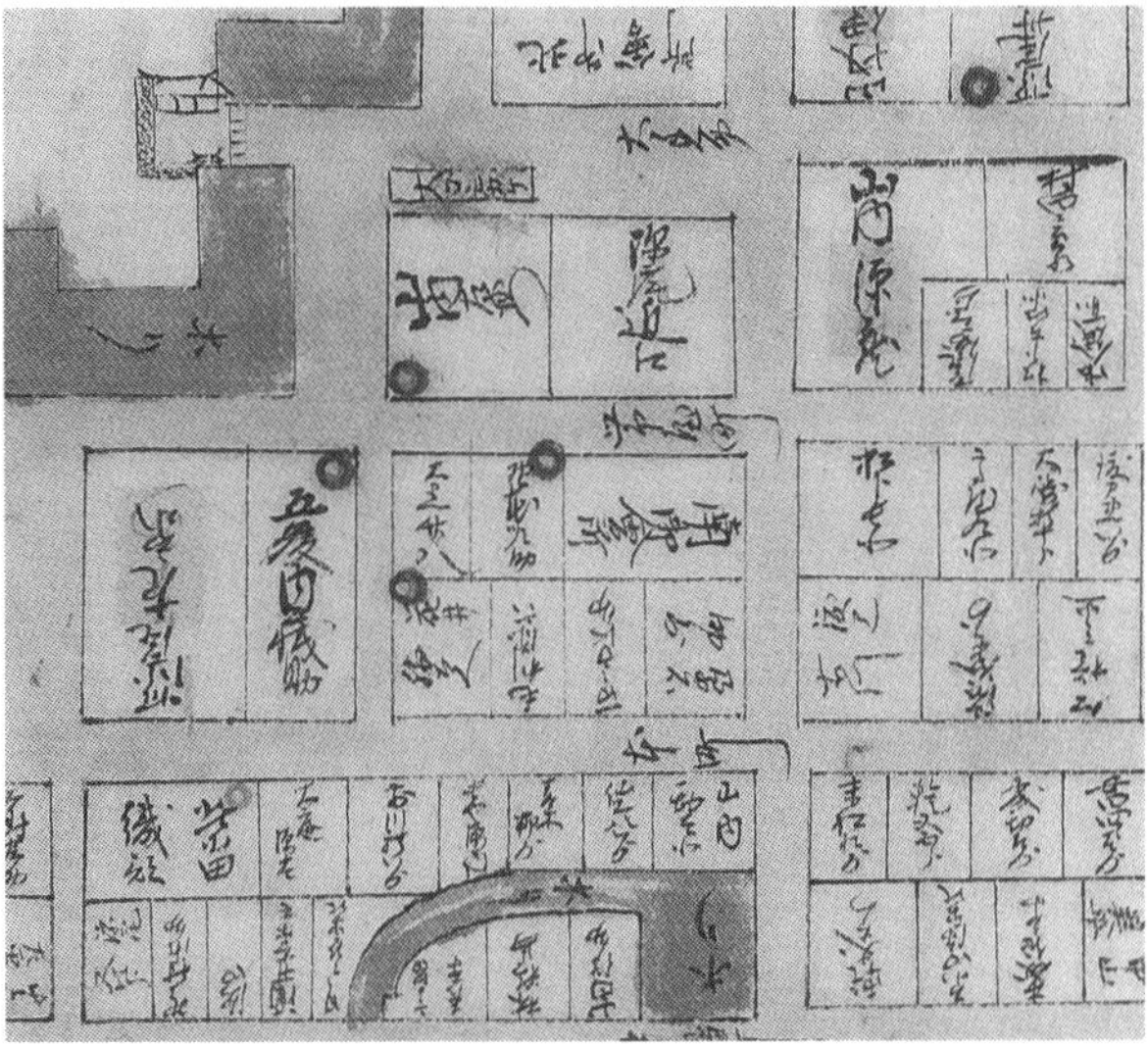

（出所）『描かれた高知市』

意図的に屈折させた主要街道

城下には、このような虎口・桝形のみならず、交通の管理ないし軍事上の防御を意識した構造が多かった。とりわけ外部からの道が、直接また容易に城郭へ到達できないように、街路を屈曲させた場合もあった。

近世最大の加賀藩の場合、南から金沢に到達した北国街道（図2−14破線）は、城下の西南部で浅野川を渡って城下の西部を北上し、その後東に折れて城下の北部を東に向かい、今度

図2-14　金沢城下と北国街道（上が西）

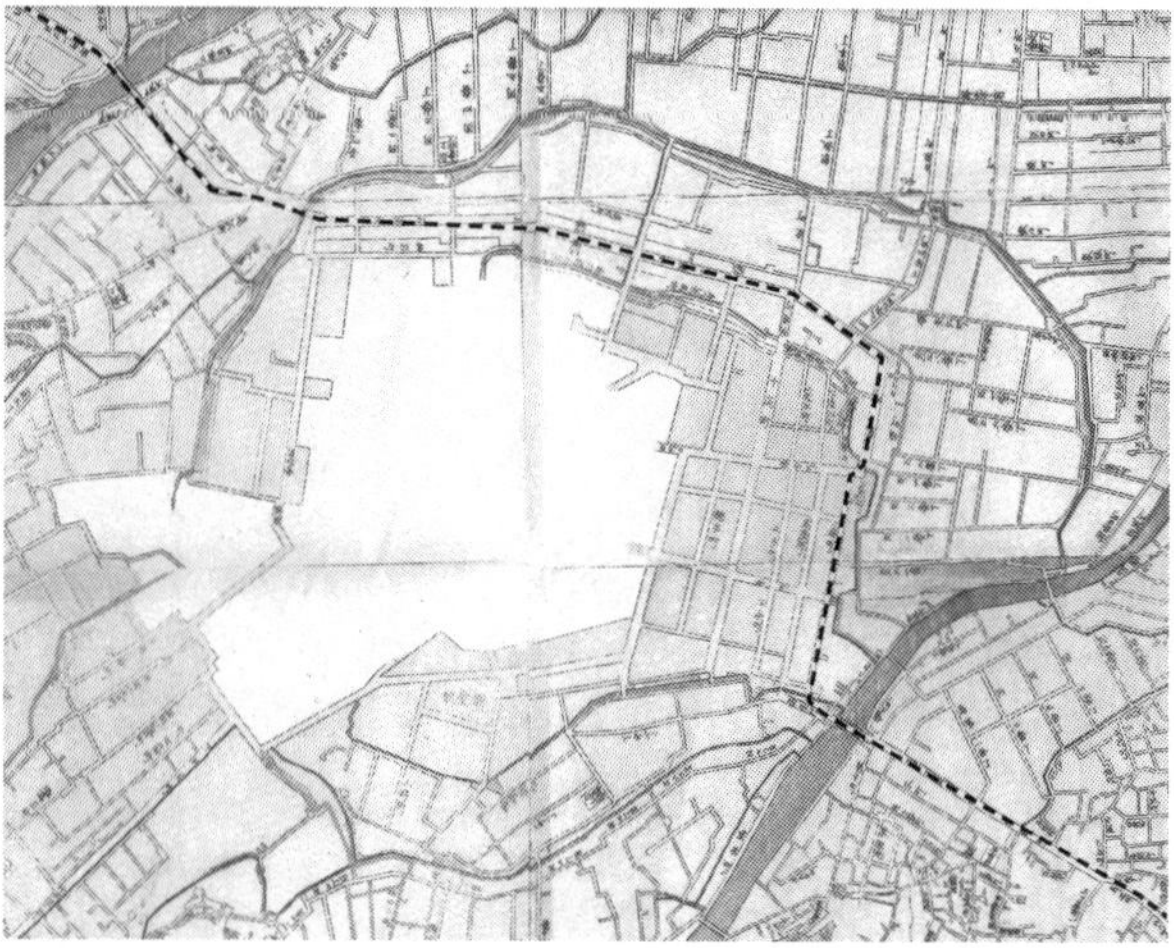

（出所）『金沢市史 絵図・地図編』（一部加筆）

は北に折れて犀川を渡り、城下を離れるというルートであった。主要街道は、完全に城郭を迂回し、かつ屈曲する形となっている（図2―14）。

先に紹介した彦根城下の朝鮮人街道も、屈曲して外濠の高宮口御門を越え、再び屈折して通町、伝馬町、佐和町、彦根町。柳町を経て屈折し、外船町を通って城下の外へ出た。

城下の街路、あるいは城下の出入り口における街路は、主要街道であっても意図的に屈折させられていたのである。しかも城下の街路は、古代都城の計画的な大路や、鎌倉の若宮大路のように道幅が広くなかった。

両側町と片町

大坂・高知・彦根などの城下の町は、このような街路を軸として、その両側が一体の町となり、コミュニティの単位となっていた。両側の商家などにとっては、いわば表側となる街路であり、商家などが店を開く正面となる。

平城京の「坪」や平安京の「町」のような、古代都城におけるほぼ正方形や正確な正方形の街区が宅地配分の単位であり、土地表示の単位でもあったとはいえ、道路に画された宅地群であるにすぎなかったこととは全く異なっていた。

例えば先に言及した伏見城下の場合、南北走する大和街道の北から「京町一丁目〜十丁目、両替町一丁目〜十五丁目」などの町が連なり、これらの各町は、南北方向の街路に沿ったその両側の町である。

とすれば、この街路と直交する街路は相対的に横町であり、商家の側面でしかないことになる。この横町にあたる道路を「筋」と呼ぶ場合があったのは、その意味で、実態を反映した呼称であろう。

彦根城下の場合では、南北方向の朝鮮人街道沿いに形成された、先にあげた六カ町がいずれも街道の両側を町域としている。また、中濠の南側に東西方向の「本町」（道幅四間）があり、やはり街路の両側にわたる範囲の町を伴っている。この東西路は、南北路との交差点の家でも表通として優先されている。

この東西方向が朝鮮人街道に向かう方向、南北が城郭中濠の「京橋口御門」（入口付近の西郷屋敷前の道幅七間半）に向かう方向である。城郭に向かう方向が常に本町とは限らないことになろう。

近世の町の領域は、大坂の東西の町通り、彦根城下の朝鮮人街道（南北）や本町（東西）のように、基本的に主要道路に沿って、その両側をそれぞれの範囲とした。このような町の範囲や町のあり方を「両側町」と称している。

例えば江戸城下の日本橋は、主要街道の要であった。南へ東海道、北へ中山道・甲州道中・日光道中・奥州道中（宇都宮まで日光道中）など、五街道の起点であった。その北への街路沿いが「室町一丁目〜三丁目」であり、紛れもない主要街路であり、両側町であった。

ところが江戸には、これとは別に「本町一丁目〜四丁目」が存在し、しかも室町の街路と直交するものであった。本町の西方は江戸城外濠の「常盤橋門」に向かっており、常盤橋門は大手口とも浅草口とも呼ばれ、城下の北側における正面口であった。

　この常盤橋門へ向かう街路が本町の街路であり、町年寄を務めた奈良屋・樽屋・喜多村三家の役宅や、金座（現在の日本銀行構内）がそれぞれの表通りとした。本町は江戸城下の中心街であり、また両側町でもあった。江戸の本町は、先に紹介した大坂の本町と同様に、城郭に向かう街路であり、城下における、最も主要な中心街路であった。

　すでに述べたように高知城下の「本町」も、彦根と同様に城門には直結しない。城下は、北を江ノ口川、南を鏡川（潮江川）に囲まれているが、中央北よりの大高坂山（標高四五メートル）に本丸・二ノ丸などがあり、これを取り囲むように内堀がめぐらされている。内堀の外側一帯、中堀との間に「侍屋敷」が広がり、西の中堀内側の桝形付近以西が「上町」、東の廿代橋（江ノ川）付近の南北に築かれた中堀付近以東が「下町」とされた町屋地区であった。なお、外堀に相当するのは下町の中央付近と上町の外周の堀であろう。

　本町はこの侍屋敷地区を東西に横断する通りであり、その北側三本目の東西道が追手門に向かう「追手筋」であった。侍屋敷地区の通りが本町と称されるのも珍しいが、この道の延長沿いに「本町一丁〜五丁」があった。本町通の両側に「○○屋」などの商家が並び、両側町という点では彦根などの本町と同様の構造であった。一丁と二丁、さらに二丁西側（三丁との境か）はいずれも「横丁」で区切られていた。

本町ではなくとも、このような両側町は、近世の市街を特徴づける構造であった。しかし両側町が多かった近世の市街において、時に片側町が存在した。城郭の濠や広大な屋敷沿いなどの道路の場合、片側にしか町屋地区が形成できなかったためであった。

例えば高知城下の本町一丁東側の堀沿いには、「川岸端」という標記がある。その上方（北側）に横向きに三人の名前が記入されている。川岸端に間口を開いた商家とみられる表現である。本町通の両側町と異なって片側のみの町並みである。

彦根城下では、中濠の東側に面した「上片原町」と、その南側に面した「下片原町」がやはり、このような片側町である。中濠沿いに街路の一方にだけ町屋が形成され、上片原町は一列の家並みの背後が「佐和町」の家並みの背後に接し、下片原町も同様に「四十九町、紺屋町、蓮着町、本町」の家並みの背後に接している。

江戸でも名称は異なるが、同じような片側町があった。例えば、京橋・新橋間の「銀座町一丁目～四丁目」などは主要道沿いの両側町であったが、その東側の「三拾間堀一丁目～八丁目」と堀（現在の昭和通付近）を挟んだ東側の「木挽町一丁目～七丁目」はいずれも、堀沿いの道に面した一方にだけ町屋が並ぶ片側町の構造であった。

辻子とは何か

　嵯峨嵐山の町に、「厨子」と称される道が表現されていたことを先に紹介した。厨子は、辻《ず》子《し》とも、逗子・図子とも表記されることがある（以下辻子と表記）。「町通り」でも「筋」でもない、また両側町でも片側町でもない辻子について改めて触れておきたい。

　京都には辻子がとりわけ多いことが知られており、早くから研究されてきた。坂本太郎は、辻子を、一筋の道で辻《つじ》でないこと、東西・南北のいずれの方向もあること、小路であること、原則として「行きぬけ」があったこと、時には町と呼ばれたことがあったこと、などを指摘した。

　これに対し、足利健亮は中世以来のいくつもの事例の検討に加え、寛保元年（一七四一）「新撰増補京大絵図」と宝暦一二年（一七六二）『京町鏡』に登場する、合計百例の辻子について詳細に検討した。その結果、辻子について次のような見解を得ている。

　辻子は寺社・邸宅に関連して発生したものであり、そこに町がなかったか、あるいは町が成立しにくい状況があったところにできた、という。

　つまり坂本の指摘のうち、特に道と町の関係について異なる見解を呈していることになる。足利はさらに、京都以外でも宇治・大津・博多などの辻子の例を挙げている。

近世初期の宇治郷絵図（宇治市、県神社蔵）には、当時の主要街路であった「新町通、県通、本町通り」の街路に囲まれた三角形状の範囲の内部に、三本の「ずし」と表記された細い道があって、いずれも主要街路への通路として存在していた。足利は、このうち「うわんのずし」は藪の中をたどり、「ぢぞうのずし」の一部には家並みが付きはじめ、「ほむらのずし」はそれがもう少し増加した状況であることを指摘した。その上で、もともとの単なる連絡通路が、次第に家並みを伴った町への過程をたどっていると考えた。

辻子は、先に紹介した応永三三年（一四二六）頃の嵯峨嵐山の鈞命絵図に標記された「今逗子」「紺屋逗子」などにみられるように、すでに中世から使用された表現である。嵯峨嵐山は、中世に二百近い寺社と百五十カ所近くに達する道沿いの「在家」ないし在家群からなる町であった。

この二つの辻子は「景徳寺」境内の南北に通じる、もともとはおそらく塀沿いの道であった。

これらの辻子は、もともと寺社・邸宅に関連して発生したもので、町が発生しにくい通路であったとする足利説に、類例を加えることになろう。

ズシは現在でも、普通名詞の用語として使用されている場合がある。滋賀県高島市海津は、琵琶湖岸沿いの街道（西近江路）沿いの両側に家並みが続く街道集落であるが、街道から家並みの間を琵琶湖に抜ける細い隙間を、「ズシ」と呼んでいる。両方の家の塀または板壁の間の通路である。反対側の内湖に向かう細い隙間も同様に、ズシと呼ばれている。

市街地には、一般的な町通りや横丁のほか、本来家並みが附属していなかった短絡路で、塀や壁沿いの細い通路であった辻子が存在することになる。

両側町・片町と辻子についてみてきた。辻子は寺院の塀沿いの道、あるいは家並を十分に伴っていない通路、また家並の間の細い通路であった。近世以来の市街では、これらよりさらに小規模な通路もある。

辻子が多い京都では、木屋町通と先斗町通を連絡する多くの「通り抜け」と称される短絡路がある。さらに、よく似た形状であるが行き止まりとなった、「ロージ（路地ないし露地）」と呼ばれる通路もある。

ロージは、町通の家と家の間に（町通だけでなく横丁にも）狭い通路が出入り口を開き、奥へ進むと通路がやや広くなって、何軒かの民家が面している形態が一般的である。平安京の「町」の区画に由来する一辺一二〇メートルの区画やその後の変化によるその半分の区画などの奥に生まれた空間を利用してできた小さな何軒かの宅地群である。ロージはこのように、市街の最も狭くて短い道である。

寺町にある極めて細い道

ところで、すでに紹介したように武家屋敷群、町屋地区などの「地域制」は近世城下の特徴であった。そのような城下の外側付近には、しばしば多くの寺院を列状に配置している場合や、寺院群を集合させた一画があった。これらは寺町と呼ばれることが多かった。

寺町の中で最も初期に形成されたのが、京都の寺町である。豊臣秀吉は、天正十四年（一五八六）から聚楽第を建設し、御土居《おどい》で市街を囲い込み、京を城下町の構造に改変した。合わせて、平安京の東京極大路にほぼ相当する位置に、洛中の寺院の多くを集め、基本的に南北一列に配置した。その門前を南北に延びる街路は寺町通と称され、多くの寺院がその東側に並んでいた。

図2－15は貞享三年（一六八六）「新撰増補京大絵図」の寺町部分である。寺院列は三条通南側の誓願寺や少し北側の本能寺や妙満寺のような大寺院は南北一列であったが、誓願寺の南側や二条以北・荒神口間のように、小規模な寺院が二、三列となっている部分もあっ

た。いずれにしてもこれらの寺院列の西側が寺町通り、東側は高瀬川沿いにできた町屋列との間（現在の河原町通付近）であった。

寺町を構成した寺院は時期によって異なるが、五条通以南は大きく西側へ方向を変え（現在の河原町通の方向）、今出川通以北では寺町通が湾曲している。これらの湾曲はいずれも、それぞれの寺院列東側に存在した、御土居の方向に規制されていた。

寺町通を西側の町屋の街区から見ると、向かい側が寺院列であるので、両側町を構成することができず、もともと片側町となっていた。しかし、本来の寺院敷地の街路沿いにも小規模な商家が並んでいる場合があった。

なお、一七世紀後半の段階では鴨川東岸の三条通以北には、二寺院が標記されているだけであるが、後にここにも、集合的な寺町が設定された。先に述べた金沢や熊本の場合も、それぞれ独特の寺町を構成している。

金沢では、北国街道が南から城下に入るために渡河する犀川の南側部分と、そこから犀川沿いに東南方向へと、下野田寺町・上野田寺町が列状に続き、典型的な寺町通を構成している。

この場合、街路の両側に寺院列が続いているのが京都の寺町と異なる点である。ほかに

図2-15　京都の寺町

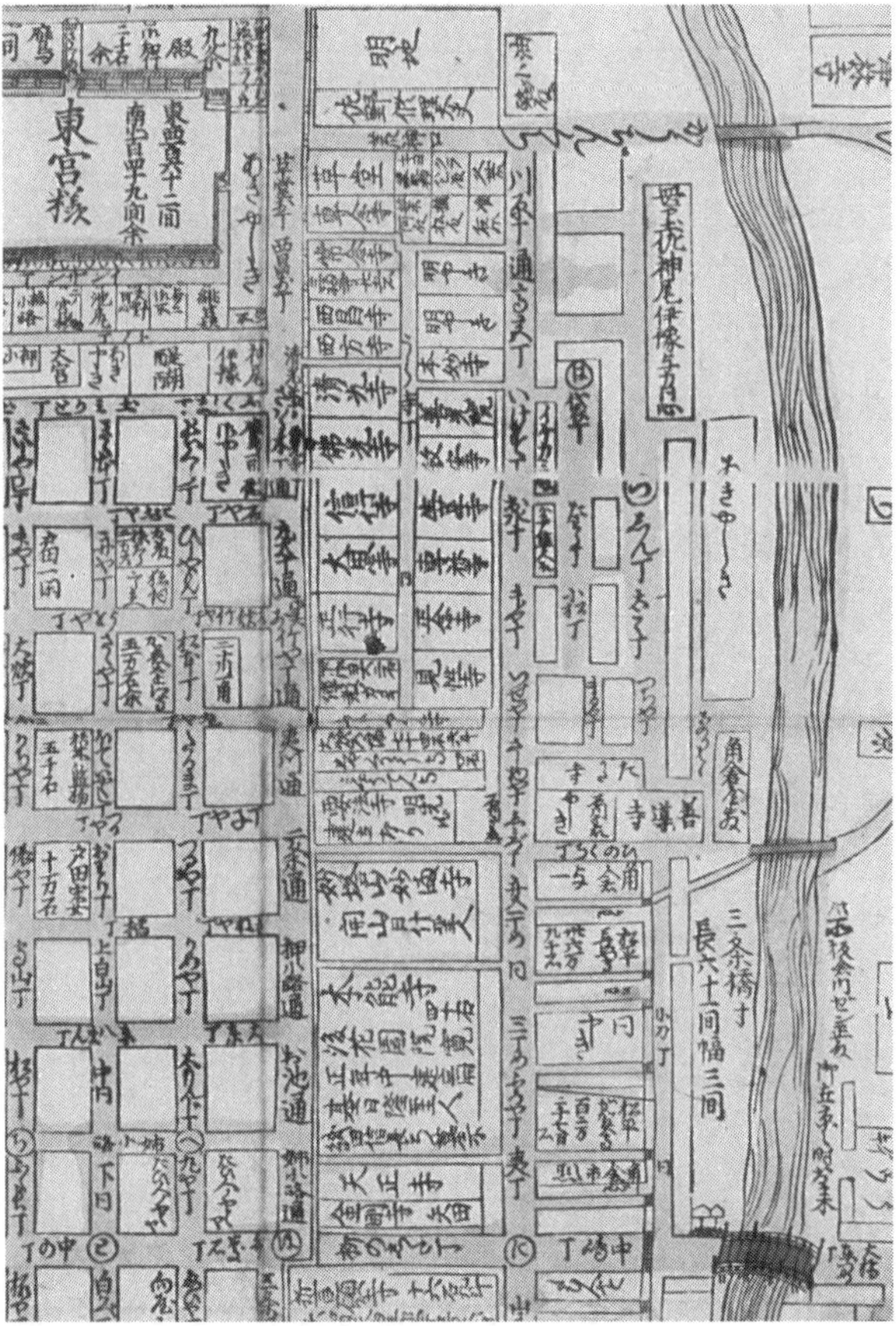

（出所）『新撰増補京大絵図』部分

も、城下から北へ出るために渡河する浅野川北側の卯辰山《うだつやま》山麓、および城下から東北方向の台地上にあたる小立野《こだつの》に、それぞれ一群となった寺院群が存在する。犀川南岸の列状の寺町と合わせると計三群となり、いずれも城下外縁の街道沿いの位置である。

熊本は、城下南端に寺院が一定の間隔を置いて配置された一画として存在していた。寺院は方格状の街区の各中央部分を占め、周囲は、「こんや町、米屋町、ごふく町、細工町」などの両側町に囲まれた独特の形態であった。そのような寺院と周囲の町がセットになった街区が、全部で一四～一五カ所もあった。熊本の場合、特に寺町といった呼称を記した古地図は見つかっていない。

京都の二列の寺院群背後にある寺院への通路や、熊本の町屋群背後の寺院への小規模な通路、また組屋敷群などの下級武家屋敷群内などにも、小規模な通路が存在した。

例えば彦根の善利《せり》組足軽屋敷などでは、道幅は一間半（二・七メートル）であった。近世城下では一般に、街道・町通で幅三間半～四間程度、横町・筋などで幅三間程度、下級武家屋敷地区などでは幅一間半程度の道幅であった。これより広い道幅は、中心的な門の内側など、例外的な場合であったとみられる。

城下の道はいずれにしろ、すでに述べた古代都城に比べると極めて狭い道であった。

第　3　章

あえて難所を残した江戸幕府

1　貴人も庶民も列をなした参詣路

上皇・貴族の熊野詣は総勢数十人も

日本全体に及ぶ官道網は古代国家の政策として計画・建設され、官人の公務や税の運搬にも利用された。また、古代の夫役《ぶやく》や防人《さきもり》などの兵役にも人々が行き来し、軍旅の行軍のためにも使用された。

中世には、国家的な道の整備と維持は極めて不十分であり、路面は使用部分だけとなって狭くなっていた場合が多かった。中には沿線の耕地に蚕食されて道の体をなさなくなった部分もあったが、一方で勧進による架橋などはあった。ところが織豊期になると、信長・秀吉が支配域内の組織的な道普請や架橋を実施した。

これらの道を行く目的は、まず政治・軍事であろう。それ以外にも、例えば庶民が、中世の流通の中心であった市へ行き来し、あるいは貴族・庶民が信仰のためにたどることもあった。

信仰目的の中でも熊野詣《くまのもうで》は早くから盛んであった。平安時代の中ごろから、熊野は権勢を誇った院政政権との結びつきが強かった。熊野への道程について、いろいろな事実を明らかにした戸田芳実の成果に拠りつつ、熊野詣の道をたどってみたい。

熊野詣の大きな画期は、白河院の熊野御幸であったとされる。寛治四年（一〇九〇）に始まって一二世紀末までに、白河院九度、鳥羽院二一度、後白河院三四度、後鳥羽院二八度もの熊野御幸が繰り広げられた。

京から熊野へは、三つの主要ルートがあった。紀伊半島を周行する、西からの「紀路（紀伊路）」と、東からの「伊勢路」、さらに吉野から山中を熊野へと向かう「峰入り（大峰道）」の三ルートであった。大峰道は険しい修験の道であり、海辺をめぐる二道はいずれも、多くの貴人・庶人の行程であった。この二道については、後白河法皇編の『梁塵秘抄』に、「広大慈悲の道なれば、紀路も伊勢路も遠からず」という今様歌謡が掲載された。

この二道の中でも、紀路が最も広く利用された。京からは、大阪平野を南下し、和泉・紀伊国境の雄ノ山《おのやま》峠を越え、有田郡・日高郡を経て牟婁郡田辺に至る。そこからは、東の山間に向かう「中辺路《なかへじ》」（図3－1参照）がよく使われた。

京から熊野本宮へ約三〇〇キロメートル、本宮・新宮・那智の熊野三山一周が約一三〇キ

図3-1　熊野古道

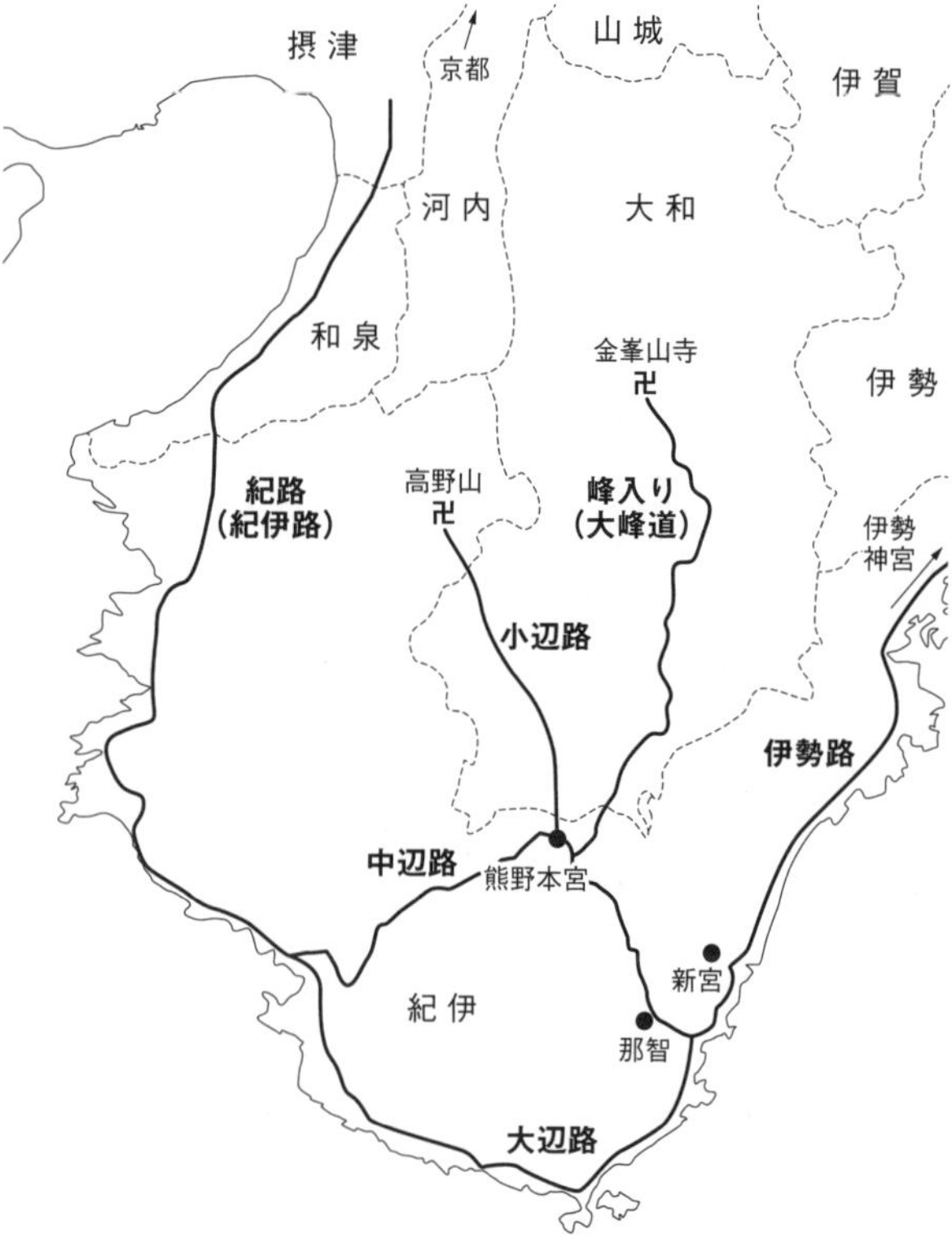

(出所) 戸田芳実により筆者作製

ロメートル、往復の全行程は八〇〇キロメートルほどに及ぶ熊野参詣であった。紀路の熊野参詣道にはたくさんの「王子社」が配され、人々は「九十九王子」を巡拝しつつ、苦行と滅罪の歩みをたどった。

院の熊野御幸は多くの従者を伴っていた。沿道の諸国・諸荘には、粮《かて》・伝馬・人夫などの負担が課された。例えば久安四年（一一四八）は、紀伊国貴志川下流域の吉仲荘は大変な不作と百姓の窮状の中にあった。戸田の引用によれば「当御社に限らず、惣国中枯れ果て、百姓皆餓死仕り、生き残る者他処仕りて候はば」（京都大学附属図書館蔵『兵範記』紙背文書）などと、その惨状が記されている。しかしそれでも翌年、院の熊野御幸は決行され、地元はおそらく課役を免れ得なかった。権勢者の救いを求める行程は、その分、庶人の労苦でもあったことになろう。

院に供奉した多くの人々の中には、京の貴族たちも含まれていた。貴族自身が家族と多くの人々を伴って熊野へ参詣することもあった。生涯に二二度の参詣を果たした藤原頼資《よりすけ》は、健保四年（一二一六）に長男を熊野へ伴った。この際の一行は「乗駕人数五六人」、つまり、乗り物に乗った人々だけで五六人に及ぶ大行列であった。

五〇年以上にわたる藤原宗忠の日記『中右記』には、熊野詣の行程が詳細に記録されている。宗忠の熊野詣一行は、二人の息子を伴った五〇～六〇人程度と推定されているが、基本的に徒歩で熊野本宮に向かった。

現存『中右記』は、天仁二年（一一〇九）冬一〇月（戸田の推定では一一日）に京を出発してからしばらくの間の記事が欠落し、同月一七日に有田川に近い「宮原」に宿泊したところから詳しく記載されている。紀路の各所に祀られた王子に参拝・奉幣しつつ、一〇月二五日に熊野本宮に到達した。宮原から七日を要し、勧学院領の荘園の「下人（身分の低い者）宅」や「仮屋（仮設の小屋）」に宿泊した（往路は推定一四日間）。

本宮の神々に巡拝したのち、翌二六日には、「下人」二〇人ばかりを残し、熊野川の川舟七艘に分乗して新宮に向かい、翌日那智参詣を果たした。二八日には、往路には用いなかった馬で新宮へ戻り、そこから熊野川を舟で遡ったが、時間がかかったので仮泊を挟んだ。一一月一日に本宮へ戻ったので、本宮から那智へ往復五日間（この年一〇月は二九日まで）であった。

本宮から京への帰路は、途中の勧学院（藤原氏一族の氏院）領荘園が準備していた伝馬を利用し、一一月二日に本宮を後にして、一〇日に京へ戻った（帰路九日間）。

ただ熊野詣は、このような院や貴族のきらびやかなものだけではなかった。宗忠もまた、途中で食尽きた盲者を見かけて食を与え、「後世の資粮《しろう》」としたと『中右記』に記した。院・貴族・諸人のみならず、遊行上人と言われた鎌倉時代の僧一遍もまた、善光寺・高野山・熊野を巡拝した。『一遍聖絵』には、熊野詣を描いた画面が五つ含まれている。

一方熊野詣には、熊野に属する修行者・太衆が各地に赴いて、人々に信心や参詣を勧め、先達として活動した。これらに応じて、多くの庶人も熊野への道をたどった。

このルートの一部が、ユネスコの世界文化遺産に登録されている「熊野古道」であり、目的はやや異なるが、現在もこの道をたどる人々は多い。

東海道のさまざまな旅人

鎌倉に幕府が開かれると、古代以来の東海道（一部東山道も）を多くの武士団が行き来したことは、すでに述べた。武士だけではなく、鎌倉への訴訟や、任地との行き来の道程となった場合もあった。

鎌倉時代より時期をさかのぼるが、『更級日記』の作者菅原孝標女《たかすえのむすめ》は寛仁四年（一〇二〇）、父（上総介）とともに任地であった上総国府から、京へ戻る行程を書きとどめている。父は馬（伝馬を利用できた）に乗ったと思われるが、一三歳の作者自身は「車（手押し車か)」であった。九月三日に出発し、下総から武蔵・相模を経て東海道をたどり、一二月三日に京に戻っているので、鎌倉より遠い上総からとはいえ、九〇日間に及ぶ、ゆったりした旅であった。手車を伴った旅程であったことも理由かもしれない。

東海道にとどまらず、京と任地を往復する国司一行に女性が含まれる例は少なくなかったと思われる。例えば紫式部も、父の任地である越前国府に赴いたことが知られている。

一方『十六夜《いざよい》日記』は、著者阿佛(尼)が建治三年(一二七七)京から鎌倉へ旅した折の日記である。阿佛は冷泉為家の妾であったが、為家の死去とともに為氏へと所有が移った細川荘をめぐる相論について、権利回復の訴訟のために鎌倉へ下向した。任地との往復でもなく、遊山の旅でもなく、差し迫った用件の旅であった。一六日に京の「あはだぐち(粟田口)」を出発し、東山道、東海・東山連絡道、東海道を経て、二九日に鎌倉についており、一四日間の旅であった。

このように、東海道を辿った人々は多様であった。公務の武士や貴族・官人は馬上、また幼い子供は手車の場合があったかもしれないが、従者は基本的に徒歩であり、女性を含む旅行者もほとんどが徒歩であった。また、鎌倉時代の京鎌倉往還は、古代の東海道より整備はよくなかったとしても、多様な旅行者が辿ることのできる通行量の多い道であっただろう。

『海道記』（作者不明）は、貞応二年（一二二三）に京都から鎌倉へ向かい、途中一四泊し、一五日目に鎌倉に到着した行程を記録している。

その途中、「津島のわたり」で舟を降りて尾張国へ入った折の記述がある。

見ればまた園の中に桑あり、桑の下に宅あり、宅には蓬頭《ほうとう》なる女、蚕簀《さんさく》に向いて蚕養をいとなみ、園には潦倒《りょうとう》たる翁、鋤をついて農業をつとむ。おほかた禿《かぶろ》なる小童部といへども、手を習ふ心なく、ただ足をひぢりこにする思のみあり。

沿道に桑畑が広がる、尾張国の農村の情景である。桑畑の中に農家があり、髪に櫛も入れていない女性が蚕に葉を与えており、近くで鋤《すき》を使っている男は、おそらく重労働ですでに年老いて見え、子供は手習いをしようともしないで泥だらけで走り回っているように見える。街道沿いに見かけた、のどかな農村風景が広がる状況である。周辺にも緊張を強いる武士団の行軍とは異なる光景であろう。

尾張の市の賑わい

『海道記』の少し後、仁治三年（一二四二）成立という『東関紀行』には、作者が尾張の桑畑地帯を経て、現在の名古屋市街の北西部付近の萱津《かやつ》を通った時に、市《いち》が立った日に遭遇した様子を描いている。

萱津の東宿の前をすぐれば、そこらの人あつまりて、里もひびくばかりにののしりあへり。今日は市の日になむあたりたるとぞいふなる。往還のたぐひ、手ごとに空しからぬ家づとも、かの「見てのみや人にかたらん」と詠める花のかたみには、やうかはりておぼゆ。

「萱津の東宿」の市は驚くほどの賑わいであり、人々は手に〳〵、何らかの品物を持って家路をたどっているという情景である。この表現からすれば、市の喧騒と大変な賑わいのみならず、付近の街道もまた市への行き帰りの人々で賑わっていたことを記している。

市の描写といえば、正安元年（一二九九）に描かれた『一遍聖絵（巻四）』に見える「福岡市」（現在の岡山県瀬戸内市旧長船町福岡）が有名である。

道の一方の側に、魚・鳥・米・布・下駄などを商う店が、後ろにだけ薦《こも》を垂らした形で並び、道の向かい側には大きな壺に入れたものを売る店や、市女笠を冠った女性や供の男が座り込んだ店、あるいは覆いの下に多くの壺そのものを並べた店、包丁を売る店などがある市（町）の状況である。

このような店が並ぶ路上では、買い物の人々や、刀を抜こうとする武士（神主の子息）とその従者も描かれている。一遍も市の路上で、この武士に語りかけている情景である。

嘉暦二年（一三二七）円覚寺領尾張国富田荘古図（円覚寺蔵）にも、市ないし宿の表現が見られる（図3－2）。五条川ないし庄内川の合流点付近に「河」と、その西方へ伸びる分流（下流は蟹江川）が描かれ、これらの西岸と北岸に沿って、一続きの道が描かれている。「河」西岸の南北方向の道沿いには、東側に「富田」「富田庄」と記された二区画の家屋群が、西側に「円聖寺」「千手堂」「光明寺」「大御堂」と標記された、四区画の伽藍・建物群が描かれ、中央の路上には「萱津（津）宿」と標記されている。とりわけ、「光明寺」伽藍の道寄り側には何もない空間が描かれていることに目が向く。これは何を意味するのであろうか。

この道は、北へ向かうと美濃方面へ、西へ向かうと尾張南部を通過して津島へと達する東

図3-2　萱津宿

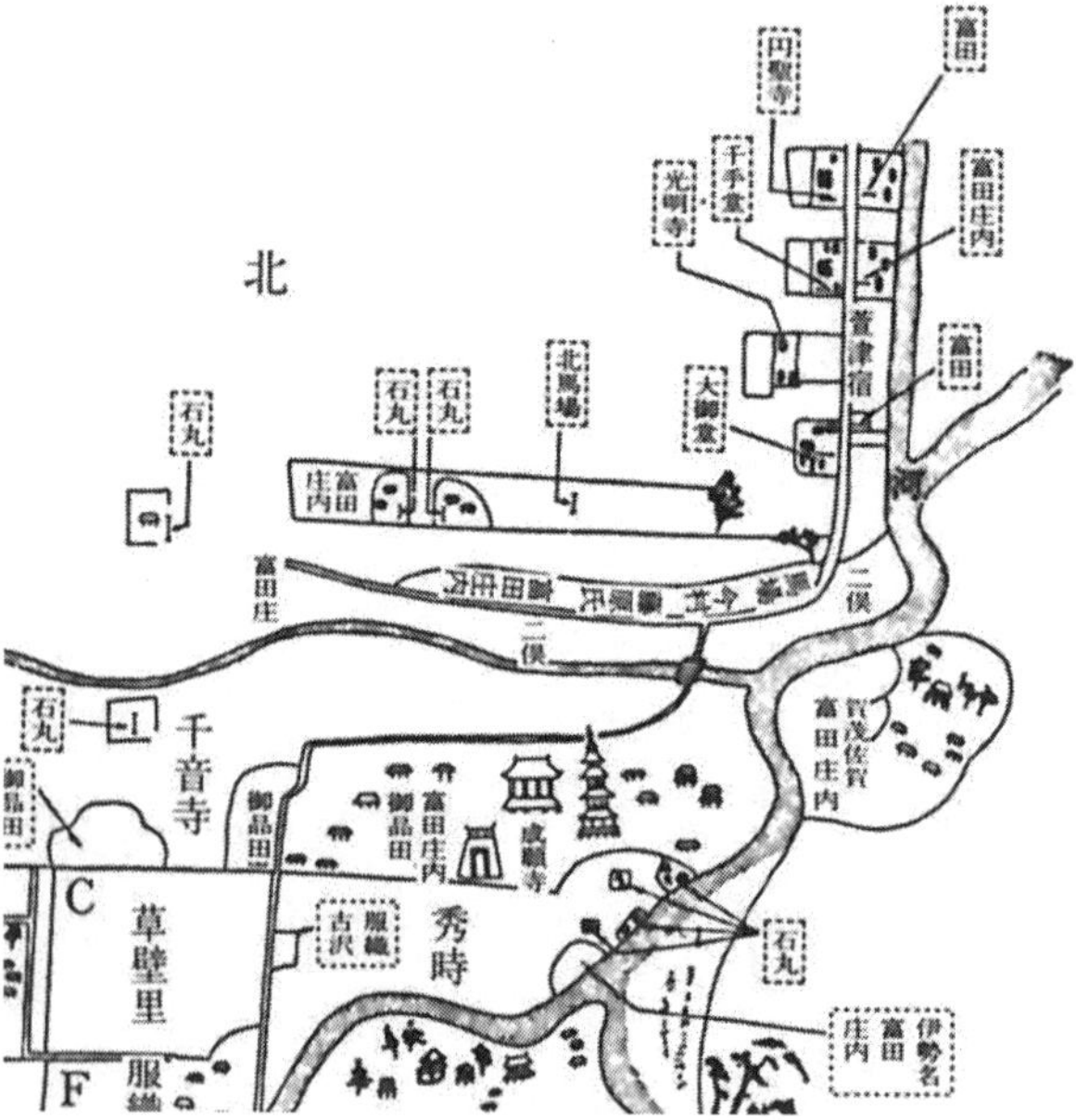

（出所）富田荘古図（釈文）、部分（金田、1993年）

海道（津島・熱田間）の一部であろう。

『東関紀行』が記す「萱津の東宿」と、この「萱津宿」の関係は不明であるが、前者は後者の一部であった可能性もある。「萱津宿」は当時、おそらくは尾張国随一の賑わいであったと思われる。

富田荘古図が描かれて程ない時期にあたる、南北朝から室町時代初期にかけて成立した『庭訓往《ていきんおう》来《らい》』には、「市町興行」

の心得を述べた部分がある。「市町は辻小路を通し、見世棚を構えしめ、絹布の類、贄《にえ》、菓子、売買の便《たより》有る様、相計らうべき也」と市町の設定・管理の心得を記し、さらに、職人・商人・芸能民など、多くの「(市に) 招き居《す》うべき輩」を列挙している。

時代はやや下るが、応永二〇年(一四一三)の宇佐八幡宮末社和間浮殿放生会指図(『大分県史料』)には、大鳥居の前に「唐物屋」が並び、「茶ヤ・酒ヤ」がいくつもある市町の状況が表現されている。

富田荘古図に描かれた萱津宿の寺院境内も、このような市の立つ場であった可能性がある。四カ所の寺院はそれぞれ建物の描かれていない区画を伴っており、とりわけ「光明寺」には、すでに指摘したように、門前の街道との間に空白部分があって、市が立つ空間にふさわしい。

人々は、すでに深く貨幣経済・流通経済に組み込まれていたようである。市なくしては荘園経済の代銭納(現物の代わりに銭で税を納める)も成立しなかった。市場商人もまた、かなり広い範囲のいくつもの市を、月三回(三斎市)、あるいは月六回(六斎市)などの市日を狙って移動したことも知られている。

商品を売る商人も、それを買う人々も、ともに市への道を行き来していたのである。

伊勢参りの道

近世に特に盛んであったのは、伊勢参りであった。伊勢参りの道は、秋里離島『東海道名所図会』（巻二）「参宮道」に次のように記されている。

関《せき》駅東の入り口にあり、京都及び関西より伊勢参宮の輩これより赴く、山田外宮まで十四里鳥居神燈標石あり、直道は東海道なり

離島の名所図会は京を巻頭として東へ順に記載しているので、関宿の東における参宮道と東海道の分岐路を記していることになる。

分岐したのち、「紀州より四日市迄」（『本朝図鑑綱目』）の道に合流する。これは紀州よりの道程であるので、逆にたどれば伊勢神宮である。近世に数多く出版された日本図には、このような旅程の記載が詳しいものが多かった。

伊勢参宮と言えば、有名な十返舎一九『東海道中膝栗毛』は、江戸から主人公二人の「伊勢参り」の旅という設定である。享和二年（一八〇二）～文化一一年（一八一四）に初刷が

刊行された滑稽本であるが、旅人にとっては優れた旅行案内書でもあった。

近世には商用を除けば、庶民にとって社寺参詣が最大の旅行であった。縁日や開帳などの寺院参詣も盛んになったが、当時、熊野詣に代わって伊勢参宮が空前の盛況を呈した。

伊勢参宮は、「本参り、抜け参り、御蔭参り」に三大別されたという。本参りは一生に一度、講の組織の下での参宮であった。費用は講に積み立てた資金を順に、あるいはくじ引きによって充当するのが普通であった。庶民が遠方に出かける最大の口実は伊勢参宮であり、何よりの物見遊山でもあった。

抜け参りとは、家長や主人の承諾を得ずに参宮するものであるが、無事に終われば咎めだてしないことになっていたという。

御蔭参りは、御札降下の噂が立って、生業を放棄して群参するもので、五、六〇年の周期で発生した。特に大きなものは四回あり、二〇〇万～三〇〇万人が熱狂したとされる。

例えば、幕末の騒然とした風潮と民衆の鬱積の中で、三河のあたりで「太神宮（内宮）」の神符が降りはじめたとされ、民衆はいろいろな歌詞とともに「ええじゃないか、ええじゃないか」と唱和し、乱舞したことがあった。また、慶応三年（一八六七）の秋から冬にかけては、伊勢内宮・下宮はじめ有名社寺のお札が大量に降り、「ええじゃないか」と踊り回ったとされる。畿内各地では、「お陰踊り」が奉納され、今でも、その光景を描いた「おかげ踊り図絵馬」が掲げられている例もある。

伊勢参りの際の参宮道は、当時の既存の街道であり、商用と生活の道でもあった。一方で、四国には遍路道という少し異なる道があった。

四国遍路の道

四国八十八箇所霊場をめぐる一周路を、四国遍路あるいは遍路道と称する。四国遍路は、四国巡礼そのものを指すこともある。一番札所の阿波国霊山寺から始まり、時計回りで徳島県二三カ所、高知県一六カ所、愛媛県二六カ所、香川県二三カ所をめぐり、最終番号の八十八番札所が讃岐国大窪寺となる。

讃岐国の佐伯氏出身であった空海〈宝亀五年〈七七四〉～承和二年〈八三五〉、善通寺に誕生院あり〉が四国で修行したことに由来する。例えば、太平洋に臨む、室戸岬南端の最御崎寺《ほつみさきじ》は修行地として伝えられる典型の一つである。それ以来、南海道の海を隔てた先に位置する四国を、空也、重源、法然、一遍など多くの著名な僧が修行地としたという。

これには、四国の海辺を一周する官道が、第1章で述べたようにすでに八世紀に完成していたこともかかわるであろう。前述の通り古代官道の周回ルートは九世紀に変更され、周回路から各国府を直接結ぶ短絡路となったが、修行者が周回ルートの存在を認識したり、その一部を利用したりすることはできたと思われる。

しかし、八十八箇所霊場が確定し、修行者のみならず多くの巡礼者がたどるようになるのは近世のことであった。特に、宥弁真念《ゆうべんしんねん》が著した『四国遍路道指南《しこくへんろみちしるべ》』（貞享四年〈一六八七〉刊）が、札所番号を完備した八十八箇所霊場全体を紹介した最初であり、次第に遍路を支える設備が整うようになった。

この設備とは、各霊場（宗派が異なる場合あり）のみならず、霊場に併設された大師堂（弘法大師像を安置）、遍路道の丁石《ちょうせき》（距離を記した石碑、写真３－１中）、道標（霊場への案内、写真３－１上）、遍路道沿いの「茶堂（巡礼者への「お接待」の場、写真３－１下）」などである。

真念自身も、道の分岐点に「二百余所」の道標石を設置した。『四国遍路道指南』刊行から百年余り後の伊予国の武田徳右衛門は、四国中の遍路道に道標を建てた。現在でもそのうち一二九基の存在が確認されている。

遍路道には八世紀の古代官道などとは別に設定されたものが多く、古代の官道のように規

写真3-1　四国遍路の道標（上、鶴林寺道石畳）と丁石（中、大窪寺道）と茶堂（下、真念庵）

（出所）香川県文化財課提供

格が統一された道ではない。しかも、各霊場を結んで複数の道が存在する場合も多い。

巡礼そのものが救済を求める行為であるが、宿（善根宿《ぜんこんやど》）や食事・物品の供与、あるいはその一部を無償で提供する「お接待」が、巡礼者と地域の双方に救済をもたらすという、一種の信仰をも生んだ。

例えば筑前国津屋崎村（福岡県福津市）の豪商徳左衛門は、弘化二年（一八四五）年、伊予国三津浜（松山市三津）に上陸して北上し、四国を一周して道後に戻るまで五五日を要した。費用と日程を考慮しない豪商の巡礼であったが、それでも数々の接待を受けた。接待を受けた返礼には札を渡す。札を受けとった住民は、俵に詰めて（俵札《たわらふだ》、時に千枚以上の札が入れられた俵札もある）天井に吊り下げ、厄災を除くお守りとする風習も、かなり一般化した。

四国遍路のもう一つの大きな特徴は、霊場を札所番号順に巡るのではなく、どこからでも始められることである。阿波の遍路には、地元の阿波国内、隣国の讃岐に加えて畿内諸国から上陸した人々が多く、讃岐の遍路もまた、自国・隣国に加えて山陽道諸国・畿内諸国からの上陸がこれに次いだ。伊予でも同様であり、やはり隣国や対岸の九州・山陽からが多かった。ただ土佐だけは、藩の規制があってやや例外的であり、お接待は少なかったという。

また四国遍路は、何回でも周回することが多かった。幕末から大正時代にかけて、周防国大島郡椋野村（山口県周防大島町）出身の中務（司）茂兵衛（一八四五〜一九二二）は二八〇回も巡拝し、一方で二三七基の道標を建立したという。

四国の遍路道は、場所によっては一般の生活の道でもあったであろうが、場所によってはかなり巡礼に特化した道であった。いずれにしても徒歩が基本であった。

2　物資を運んだ道

馬借と車借の出現

市《いち》へと物資が集まり、また市から散っていく様子はすでに紹介した中世の旅行記などから知られる。京ともなると諸国から上ってくる物資の量は、早くから破格に多かった。貨幣経済の発達によって、「土倉（金輪業者）」は蔵に質草を蓄えた。

平安時代の終わりころには、すでに駄馬や牛が引く車によって物資を輸送する業者が出現していた。馬借《うまかし》・車借《くるまかし》である。

『今昔物語集（巻二九）』には、「六角よりは北、（中略）其の辺《ほとり》には車借といふもの数有《あまた》り」とあり、京の六角通の北側一帯にこのような運送業者の集積したところがあったことを記している。

一一世紀中ごろに、藤原明衡《あきひら》が著したという『新猿楽記《しんさるがくき》』の記載は、京周辺の馬借・車借について、さらに具体的に表現している。

件《くだん》の夫は、（中略）東は大津・三津を馳せ、西は淀の渡、山崎を走る。牛の頸《くび》は爛《ただ》るといへども一日も休むることなし。馬の背は穿《うが》つといへども片時も活《いこ》へず。常に駄賃の多少なることを論じて、鎮《とこしなへ》に車力の足らざることを諍《あらそ》ふ。

この「件の夫」の妻は、恐ろしく「貪飯愛酒《たんはんあいしゅ》」であるが、夫には「順《したが》い媚《こ》ぶる」と表現されている。

「件の夫」が、東は琵琶湖畔の大津・三津（大津市下阪本）、西は淀川河畔の淀・山崎の津までの京郊の道を、牛馬を酷使しつつ京へと物資を運び、運賃を稼いでいた様子を描写している。荷は、馬の背（馬借）か、牛車（車借）で運んでいた。

酷使されたのは牛馬だけではなく、牛馬を使う男も同様であったことも加えられている。

足は藁履《わらうづ》を脱ぐの時なく、手には楉鞭《しもとむち》を捨つるの日なし。踵《きびす》の皹《あかがり》は山城茄子の霜に相へるがごとし。脛《はぎ》の瘃《ひび》は大和瓜の日に向かへるがごとし。ただ牛馬の血肉をもて、将に妻子の身命を助けんとするのみ。

足の踵や脛に「あかぎれ、ひび割れ」を作りながら、家族の生活を支えるために、牛や馬を鞭打って必死に働くさまを描いている。駄馬は背に荷を積み、牛は荷車を曳いて、舗装など無い道や坂道に、あえぎつつも進んだと思われる。一般に牛が曳く荷車は遅いが、悪路・急坂に強かった。

正安元年（一二九九）作の「一遍上人絵伝」においても、関寺の門前（大津市逢坂）に牛に曳かれた二輪の荷車が描かれている（巻七）。大津から京への物流にかかわる車借の様相であろう。

市に近い尾張の街道であれ、馬借・車借が行きかう京郊の道であれ、街道の賑わいは、生活の強いにおいに満ちていたのであろう。

「牛馬道」と「歩道」の描写

時期は下がるが、近世には何回かにわたって「国絵図」が作製された。このうち正保国絵図にはさまざまな道が描かれている。これは正保元年（一六四四）から、国ごとに絵図元が定められ、幕府大目付が責任者として統括したものだ。表現様式と表現内容の統一に大きな特徴があった。

とりわけ大きな特徴は、陸上・海上の交通に関わる情報が豊富なことである。街道は、道筋を六寸一里（縮尺約二万一六〇〇分の一）として描き、主要道と脇道を区別していた。さらに、一里ごとに記号を付し、峠・難所の記載、渡河地点での渡河方法や川幅・水深、冬季における牛馬交通の困難箇所なども記されていた。

山地が多く、内陸にある丹波国の正保国絵図の場合、図3－3のように福知山城から出る二本の道が描かれ、一方（山陰道）には「福知山ゟ亀山（現・亀岡）迄十五里（約五九キロメートル）」、もう一方は二本に分かれ、一方には「此（天田郡・氷上郡）郡境ゟ福知山迄壱里六町（約四・六キロメートル）」余といった距離が記載され、道の両側に黒い点が付されて「一里山」（一里塚）が示されている。

距離は主要箇所のみならず「此村（井〈猪〉崎村）ゟ河北村迄二十三町（約二・五キロメートル）」などと、村間の距離も道沿いの各所に記されている。

この正保丹波国絵図に描かれた山陰道の山城国側には、「桑田郡峠町ヨリ山城国沓掛村迄弐拾弐町牛馬道」と、「峠町」・「沓掛村」間が二二町（約二・四キロメートル）であること、牛馬が通行できる道であることを記している。この部分にはさらに、亀山の札の辻（高札

図3-3　丹波国正保国絵図（福知山付近）

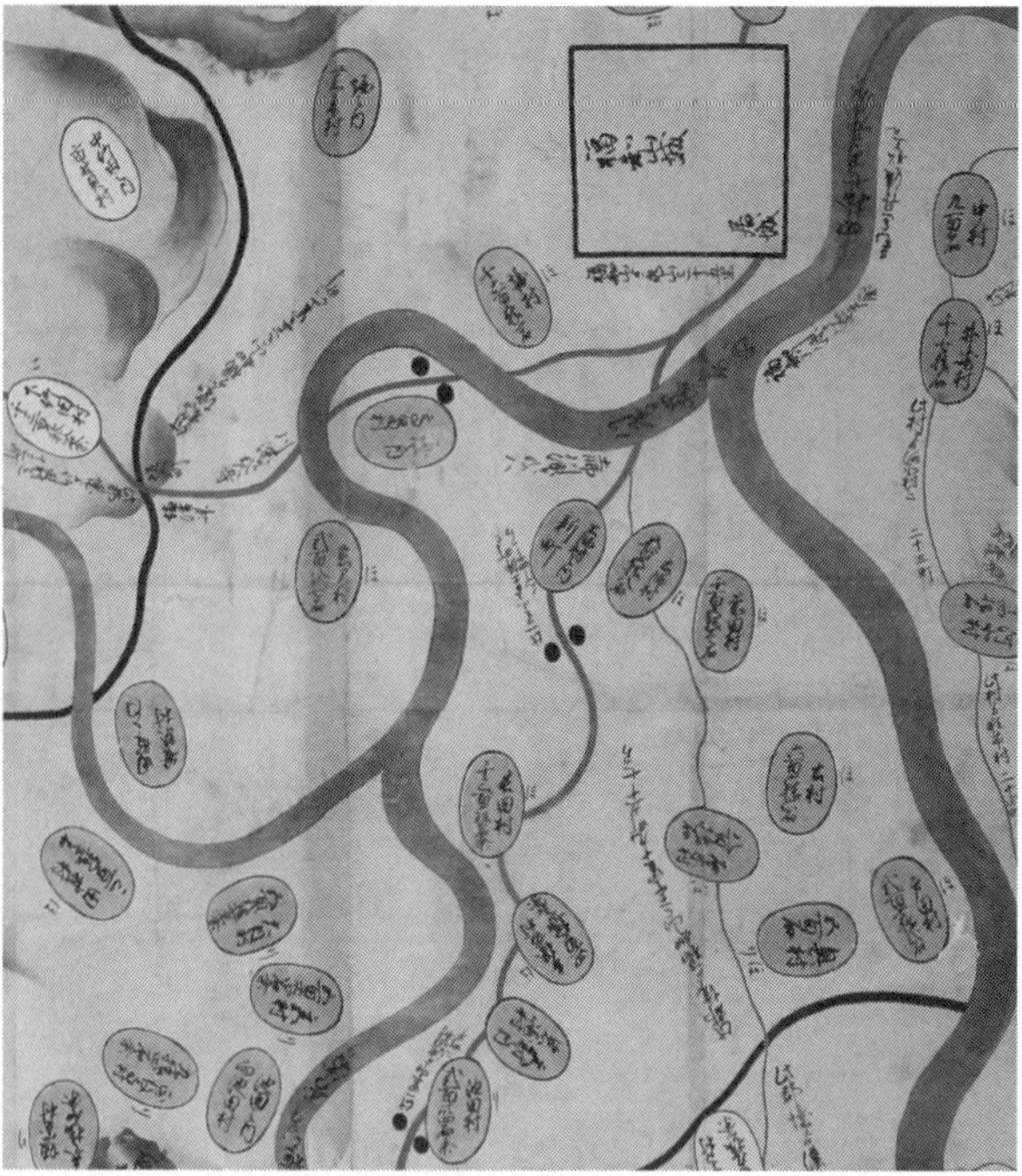

（出所）京都府立京都学・歴彩館蔵

場)、但馬国境、丹後国境、若狭国境からの距離も記載されている。山陰道が国々を結ぶ主要道であったことの反映であろう。

これらのほかに、「牛馬不叶《かなわず》」と付記された、牛馬が通れない道や、「歩道」と記載された、歩行専用の道もあった。北方への道路条件には冬季の積雪が関わっていたことも記されている。若狭国や丹後国へは、牛馬道であるが、「雪中牛馬不叶」、「雪中馬不通」、「冬牛馬不通」などといった道があったことも記載されている。

正保国絵図では、道は基本的に「牛馬道」と「歩道」に区分されていた。牛馬道とは人も歩いたが、牛馬の背に荷を積む道である。また、歩道とは人だけが通れる道であった。車(荷車)の道でないことには変わりなかった。

京近郊の道路網の移り変わり

平安京遷都によって建設された、洛中の街路や洛外の作道・久我縄手、あるいは山科盆地北部の東山・東海・北陸道については、すでに説明したように、中世には道路の維持管理が不十分になる場合が多かった。古代の広い計画的な直線道も、中世には狭い実用的な道幅になったばかりではなく、久我縄手のように道路がとぎれ、泥の田んぼになったり、道路網そのものが大きく変化した場合もあった。

このような状況を表現している地図を眺めてみよう。京郊の山科盆地を描いた古地図「山城国宇治郡山科地方図（写）」（東京大学史料編纂所蔵）である。道路網の変遷の状況を端的に知ることができる。同図は水戸彰考館所蔵本（現存せず）の写本であるが、原図は大永年間（一五二一～一五二八）には成立していた可能性があるとされる。表現内容には平安時代の状況を伝えている部分がある。

同図に描かれた道の概要を抽出した図3－4の上端近くに、東西方向の直線の道が描かれている。この東西直線道は、京の三条通の延長から、図の北西端付近で蹴上《けあげ》の峠を越えて山科盆地へ降り、そこから東へと直行する、平安京以後の東海・東山・北陸道のルートである。この道が、平安京遷都以後しばらくしてから建設されたものであろうことはすでに指摘した。

その東端近くの「神無森」から南西へと、緩やかに湾曲した別の道が描かれ、「醍醐寺」の門前近くを経由して中央部やや南の「上石田里」に至っている。

この東北端近くの「神無森」から南西へ向かう道、逆から見ると盆地南西部から北東方の「神無森」へ向かう道は、平城京の時期の東山・北陸道であり、さらに逢坂山を越えて近江国

図3-4　山城国宇治郡山科地方図（部分、二本線が道）

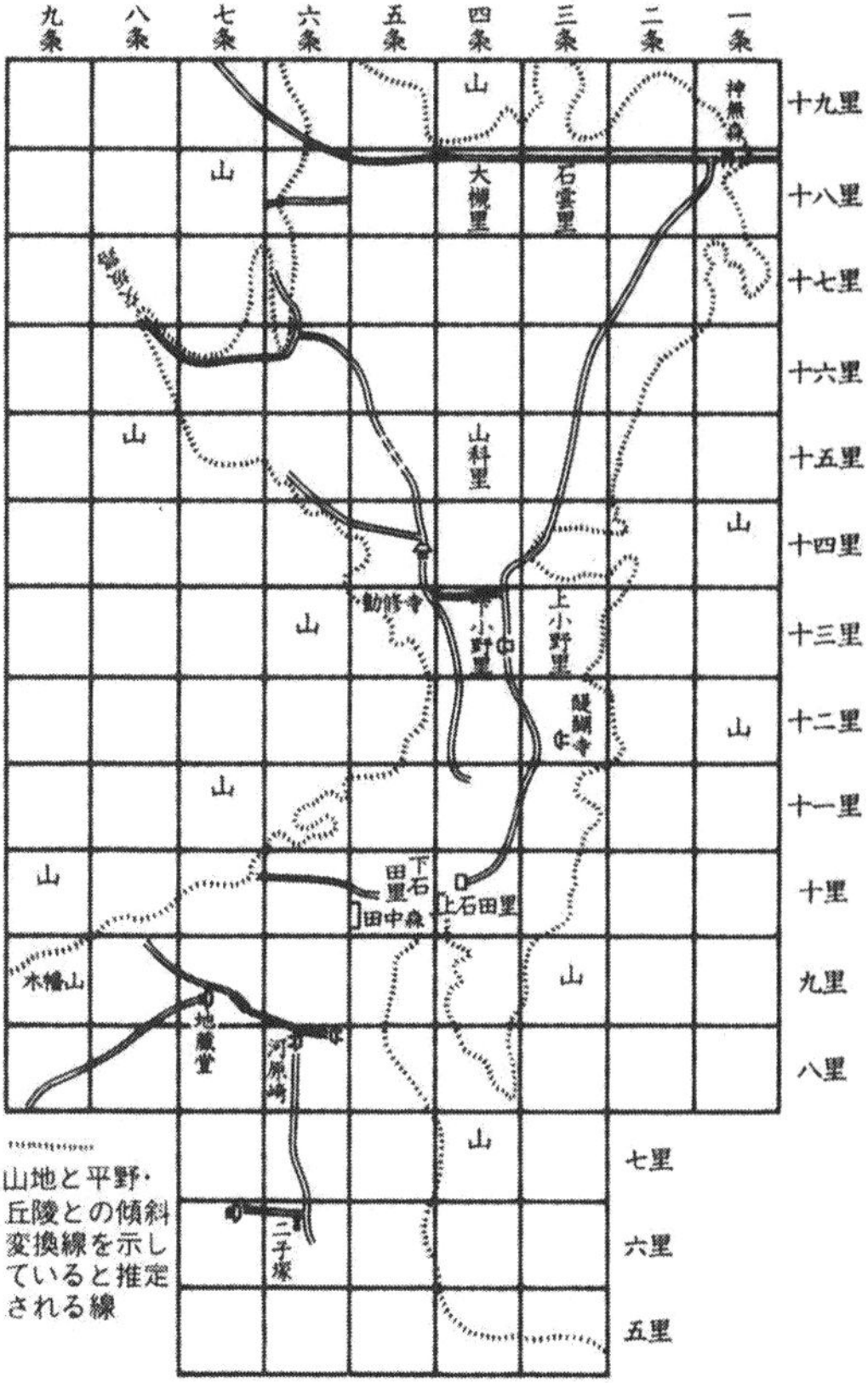

（注）上が北
（出所）足利健亮による

へ向かった。

平安京以後に新設された東海・東山・北陸道が、山科盆地北部を東西走しているのは山科地方図の時期では当然であろうが、平城京の時期以来の東山・北陸道の南部が、図3－4では「上石田里」で途切れていることに注意したい。東山・北陸道が平城京（奈良）方面へと向かう官道ではなくなり、管理・維持されなくなったことの結果であろう。とりわけ山科盆地南部は山科川の氾濫が多い地域でもあり、被害を受けることが多かったとみられる。

この山科地方図の時点（一六世紀前半ごろ）では、洛中から南都と呼ばれた平城京の旧地へ向かうには、鴨川東岸の「法性寺大路（後に大和大路がその機能を果たす）」を南下するのが一般的だったとみられる。それに伴って山科盆地南東部の旧東山・北陸道の利用が少なくなり、また補修されなくなって途切れてしまう状況になったのであろう。

代わって山科盆地南部には、西から桃山丘陵を越えるルートと、丘陵の南を迂回するルート（いずれも前述の法性寺大路〈現・大和大路〉）から東へと延びてくるルートがあって、「地蔵堂」付近で合流している様子が描かれている。合流後は「河原崎」をへて東部の山地・丘陵の麓（現在の宇治川河道東岸）を南下し、図3－4のさらに南の「岡屋堂」を経由する道路となっていたとみられる。このような現在の宇治市木幡山麓（山科地方図の木幡山は桃山丘陵付近）部分のルートは、平城京の時期の東山・北陸道を踏襲した位置である。

一方で山科盆地東麓中央付近の旧東山・北陸道からは、西方へ渋谷越や滑石越などが延びて東山を越え、九条坊門の「唐橋」などへと直結していた可能性があることは先に述べた。また、原図の一五里～一六里間の里界線付近には「旧京路畷」が記入されているが、このルートは平安京初期における旧東山・北陸道と平安京との連絡路であったであろうことも前章で述べた。三条大路へと直接向かう、盆地北辺を東西走する近世東海道に踏襲されたルートは、むしろ相対的に新しく、平安京が建設されてしばらくしてから建設された官道であったことになる。

いずれにしろ、山科盆地東部の旧東山・北陸道が平城京の時代に整備された官道で最も古く、ついで、平安京八条坊門の唐橋から東山を超えて、山科盆地東端を北東へと直行し、平安京と旧東山・北陸道ならびに東海道とも連絡する東西の直線道（旧京路畷の位置）が使用されたことになろう。そのあと、三条・蹴上を経由する東西道が新たな官道として整備された結果、山科盆地東部の旧東山・北陸道の南部が途切れ、鴨川東岸を南下して桃山丘陵を越える道が、現在の木幡山の麓を南行する道に連絡することとなったとみられる

山科盆地の道路網の変遷には、平城京からまず長岡京、次いで平安京への都の移動に伴う

官道新設が大きく関わった。その際、出発地点の変更と、それに伴う道の方向の再編があったはずである。さらに、旧来の道路の管理状況の変化や利用の減少、おそらくそれに加えて、道の位置をめぐる自然条件が旧道の荒廃や変化に作用したとみられる。山科盆地ではその多くが影響しているとみられる。程度の差こそあれ、これはどの地域でも出現した現象であろう。

破損・修造を繰り返す鴨川の橋

山科地方図のような道路の変遷には、それぞれの道の渡河地点と橋や渡船などの施設が関わっていた。古代以来の官道が橋や渡船を伴っていたことはすでに述べた。近世には、架橋は各所で盛んに行われたが、増水・火事などで橋はしばしば破損・流失し、交通を困難にした。

江戸日本橋を起点とする、近世の街道整備はのちにまとめて紹介するが、近世の東海道は、五十三次の宿を経て京の三条橋に至った。三条の橋は、勧進橋として架橋されていた四条橋・五条橋より遅れ、応永三〇年（一四二三）に「三条河原橋」として初めて史料に現れることは前章で述べた。さらに豊臣秀吉によって石橋が架橋されたことについても前述した。

近世の街道整備が進むと、この三条の橋は、徳川幕府の官橋（公儀橋）として修築ないし新設されたが、しばしば破損・大破を繰り返したことを示す史料がある。朝尾直弘の整理によれば、その状況は次のようであった。

延宝二年（一六七四）・同四年、いずれも洪水で破損
正徳元年（一七一一）、修築
元文五年（一七四〇）、洪水で破壊
寛保元年（一七四一）、大破
延享二年（一七四五）、新設
安永七年（一七七八）、破損・修造
天明六年（一七八六）、大破・修造
享和二年（一八〇二）・弘化三年（一八四六）、落損
嘉永三年（一八五〇）・同五年、大破

知られているだけでも、右のように破損とその修復が極めて頻繁であった。公儀橋として

の建設・再建は、いずれも基本的に、長さ六一間ないし三七丈（約一一〇メートル）、幅三間四尺〜四間一尺七寸（約五・六〜七・八メートル）の橋であった。

近世の京都では数多くの地図が刊行されたが、これらの都市図にも橋が描かれているものが多い。ただし、寛永元年（一六二四）ごろ刊の「都記《みやこのき》」は、刊行された日本の都市図の中で現存最古であるが、鴨川の橋は全く描かれていない。「都記」は寺町通りの両側までしか表現していないからであろう。

これより少し後の手描き図であるが、寛永一四年（一六三七）の「洛中絵図」（京都大学附属図書館蔵）は橋を描いている。ただし、三条と五条橋の位置には欄干付きの橋を表現しているが四条には描かれていない。

そこで、近世の主な刊行京都図における、鴨川の橋（名称は七条大橋〜賀茂大橋間の現在の橋名）の表現を整理してみたのが表３−１である。

近世の刊行図で最初に橋を描いているのは、慶安五年（一六五二）刊の「平安城東西南北町幷之図」であり、五条・四条・三条の三カ所の橋を表現している。同図ではこれら以外に橋の表現はない。ところが、五条・三条橋にはいずれも欄干が表現されているが、四条橋は単に単純な一本の表現（表３−１下の表現例の○印）である。

表3-1 絵図に描かれた鴨川の橋

刊行年	図名	七条	正面	五条	松原	四条	三条	二条	丸太町	荒神	賀茂	鴨川・高野川合流点以北	
												出町	河合
慶安5年	平安城東西南北町幷之図			◎		○	◎						
承応3年	新板平安城東西南北町幷洛外之図	○		◎		＝	◎	○		○		○	○
明暦3年	新板平安城東西南北町幷洛外之図	○		◎		○	◎	○		○		○	○
天和元年	新板平安城幷洛外之図	○		◎	○	○	◎			○			
貞享3年	新撰増補京大絵図			◎	＝	＝	◎	○	＝ *1	○	○		
寛保元年	増補再板京大絵図	＝	＝	◎	＝	＝	◎	＝	＝		＝	○	
安永3年	安永改正京絵図道法付	＝	＝	○	＝	○	○	○	＝		＝	＝	
天明3年	天明改正細見京絵図	＝	＝	◎	＝	＝	◎	＝	＝	＝	＝	＝	
寛政5年	寛政新板手引京絵図	○	○ *2	◎	○	○	◎	○	○	○	○		
文化2年	改正京絵図	○	＝	◎	○	＝	◎	＝	＝	○	○	○	
文化9年	文化改正京都指掌図	○	○	◎	○	○	◎	○	○	○	○	○	
天保2年	改正京町絵図細見大成	○	○	◎	○	○	◎					○	○
天保5年	天保改正新増細見京絵図大全 完	○	○	◎	＝	＝	◎	○	○	○	○	○	
文久3年	文久改正京都指掌図	＝	＝	◎	＝	◎	◎	＝	＝ *3	＝	＝	＝	

備考 ◎：欄干・橋脚・広い橋などの表現あり ○：鴨川全体に1本で架かる橋 ＝：中洲を介して2本の橋 ＊1：二条・荒神間に中洲を介する橋が2カ所 ＊2：七条・正面間に1本で架かる橋が2カ所 ＊3：丸太町・荒神間に中洲を介する橋が2カ所
（出所）金田、2021年

それ以後においても、同表に示したすべてにおいて、五条橋・三条橋はいずれも欄干や橋脚を伴った橋ないし、ほかよりはるかに広く見えるように表現されている（同表の◎印）。先に三条橋が破損したことの知られる年次を列挙したが、それと刊行図の年次は合致しない。いずれにしろ三条と五条の橋は、他と異なって相対的に立派な橋であったことは間違いない。

二つあった四条橋

現在と状況が大きく異なっているのは四条橋である。四条橋は鴨川を渡る一本の橋であったこともあるが、安永三年（一七七四）図には「カリハシ」と注記されているので、おそらく破損して仮の橋がかけられていたものであろう。むしろ四条橋が、しばしば二カ所に分かれた橋（同表下の表現例）として表現されている場合もあることに注目したい。

これは水流を超えて中洲へ渡り、中洲を歩いて再び水流を超えるような、簡易な橋であった時期も多かったことを示す。

図3-5　洛中洛外図屏風（歴博甲本）にみられる四条橋・五条橋

（出所）国立歴史民俗博物館蔵

また四条橋が平行して二本描かれていて、一本が祇園社の神輿が鴨川を渡る橋であったことを表現している場合もある（図３－５左端）。四条橋が、三条橋、五条橋と類似の表現として出現するのは幕末の文久三年（一八六三）図であった。

絵図ではなく絵画資料にも、四条橋が対岸まで一本の橋ではなく、中洲をつなぐような二本の橋であったことを示す例がある。さらに『都名所図会』には、鴨川の中洲で納涼をしている様子を描いた場面があり、中洲の形状と利用状況は現在とは大きく異なっていたであろう。

橋もまた、五条と三条を除いて常時利用できる状況ではなかったことを物語っている。増水時には三条か五条の橋まで迂回して渡るか、増水時でなければ、人々はしばしば中洲に降り立たねばならなかったことになる。橋は道の要でもあったが、増水には弱かった。

「人馬道」と「車道《くるまみち》」

京郊の街道には、先に紹介した国絵図にみられる牛馬道や徒歩の道でなく、これらとは別の「車道《くるまみち》」がもうけられていた部分があった。

例えば寛文八年（一六六八）「新板平安城東西南北町幷洛外之図」には、京から竹田へ向かう竹田街道に相当する道に、「伏見〻（より）の車ミち（道）」と記されている。豊臣秀吉による宇治川の河道付け替えによって、大坂から淀川を遡ってきた荷や宇治からの荷には、宇治川を経て直接伏見の河港に着くようになった場合があった。角倉了以による高瀬川の開削によって、水運でも伏見と京は直接結びついたが、陸上交通では伏見と京を結ぶ竹田（伏見）街道が、物流の幹線の一つとなったことによる。

この竹田街道には、宝永六年（一七〇九）の「京絵図」にも「伏見車道」と記されて、やはり車道であったことを示している。

一方、琵琶湖水運の拠点である大津から、山科を経て京へと至る東海道（中山道・北国街道からも同一）もまた幹線道路であり続けた。『伊勢参宮名所図会』（寛政九年〈一七九七〉刊）には、「大津里」の項に『淡海志《たんかいし》』を引用して、次のように記している。

町数九十八町、人家四千余軒、四道の襟喉《きんこう》にして、人馬牛車を以て洛中へ運送する事不絶《たえず》、馬は大津馬とて歌にもよめり、各逢坂山を越行程、ちから車のな、くるまともなくやりつゞけたりと「挙白集」にも書たり

この「ちから車」というのが牛に曳かせた荷車であろう。「大津里」は、多くの要路の喉元で、「人馬牛車」の交通が絶えないというのであるが、これだけでは道の状況は不明である。しかし同書「逢坂山」の頁における、蔀関月《しとみかんげつ》の挿絵（図3－6）によれば、表現はより具体的である。街路の上方をさまざまな旅人、荷を背負う人夫風の人々、背に荷を積んだ駄馬を引いた人々が左右に歩く様子が表現されている。その下方には、牛に曳かれた荷車が左（同図左端、牛の角の方向）へ向かって進んでいる様子が描かれている。

興味深いのは、これらの牛に曳かれた荷車、およびそれに関わる人々が、上方の路面より低く掘り窪めた路面をたどっているようで、掘った断面が描かれ、また牛や人の半身が沈んでいるように見えることである。一段低くつくられた車道の様子を描いているとみられる。とすれば、このような車道には特定の設備が施されていたと思われる。

図3-6　逢坂山の車道

（出所）『伊勢参宮名所図会　逢坂山2』

逢坂山付近とは、山科盆地東側の東海道山科・大津間であるが、西側の山科・京都三条間の峠は日ノ岡峠（京都側からは蹴上）と呼ばれた。この日ノ岡峠の車道の改修については、安祥院文書（『京都の歴史11　山科区』）によって次のような詳しい経過が知られる。

享保一九年（一七三四）一一月二三日、安祥院の木食正禅という僧が、日ノ岡峠牛馬道の修築を奉行所へ出願した。理由は「日ノ岡峠車道、近年殊の外相損じ、荷車牛大分苦痛仕り、不便に存じ奉り候」として、「御赦免を蒙り、一体（帯）の施入を以て、右車道を普請仕り、何卒牛馬の苦痛をかろしめ候様に」というものであった。

さらに一二月一日、「庄屋・年寄」の承認を得て、次のような仕法《しほう》を届けた。それは、「日ノ岡峠車道」が「深さ七～八尺（二・一～二・四メートル）」に掘れているので、「車道幅三間（五・四メートル）」、「長さ二町（二一八メートル）」ほどの工事区間に、「小石を入れ、築あげ、一面大石を敷」いて均すとするものであった。

同月一七日、この工事のため沿道の屋敷地を買い取って休憩所を設置し、工事の置土をするとした。

しかし翌年九月四日、住民の反対で工法を変更した。峠部分の車道の切り下げと、峠下との勾配の平均化を目指して、峠下は置土法によるとした。その上で、同年一二月三日、翌年二月上旬から工事を開始することを届け出た。

その後二年弱を要して元文三年（一七三八）一一月、「大津海（街）道（東海道）日岡峠、人馬道幷車道」ともに竣工して見聞を上申し、同時に「人馬道」と「車道」の分離と、「車方の者」への通知を上申した。

さらに同月、「石杭四本」を拙僧（木食正禅）より拵《こしら》えて献上するとして、次のように石標の設置を願い出た。

・峠坂之上
是より右のかた牛車引き通し道
・同所ニ
是より左のかた人馬往還道
・峠坂之下
是より左のかた牛車引き通し道
・同所ニ
是より右のかた人馬往還道

これらの史料によって、いくつかのことが判明する。道路修築が峠部分では切り下げ、峠下では盛り土によって、全体の傾斜の平均化を図り、路面構造は下込に小石、表面に敷石、といった工法であった。東海道の日ノ岡から蹴上にかけての京津国道（大津道、東海道）における、一九三三年竣工の道路整備の工事中に発見された車石がそれにあたる。現在、付近の側壁にはめ込んだり、記念碑の台座（写真3－2参照）として利用したりして保存されている。

写真3-2 蹴上付近で見つかった車石（転用）

（出所）筆者撮影

一八世紀前半の工事はまた、「人馬道」つまり徒歩の道と、「車道」つまり牛が引く荷車の道との分離であり、まさしく先の『伊勢参宮名所図絵』の挿絵通りの状況であった。日ノ岡付近では大津道（東海道）はほぼ東西に走っているので、南側が車道、北側が徒歩の道であったことになる。

ここに挙げた車道の例は、引用した史料の年次順からすれば、東海道日ノ岡付近の車道の修築が一八世紀前半で最も早く、竹田街道における車道が描かれた地図は一八世紀後半、東海道逢坂山付近の挿絵の車道が一八世紀末であるが、後二者の正確な築造時期は不明である。

3　江戸時代の街道風景

幕府による街道整備

イギリス人セーリスは、近世初期の慶長一八年（一六一三）、平戸から江戸に向かい、途中の東海道について次のように記している（『セーリス日本渡航記』）。

道は驚くほど平坦で、それが山に出合うところでは、通路が切りひらいてある。この道は全国の主要道路で、大部分は砂か砂利の道である。それがリーグ（約四・八キロメートル）に区分され、各リーグの終わりごとに路の両側に一つずつ丘があって、その上には一本のみごとな松木が、東屋の形にまるく手入れをしてある。こんな目標が終わりまで道中に設けてある。

極めて平坦で、砂か砂利で整備された道の様子を記し、さらに山地にかかる地点ではそれを切り窪めていること、設置された一里塚の様相を記している。セーリスの記録の少し後、正保元年（一六四四）完成の正保国絵図には、街道や一里ごとの記号が詳細に描かれていることはすでに述べた。

江戸幕府は街道を整備し、道中奉行を任じてこれを管理した。直接管理下に置かれたのが五街道であり、江戸から四周へ伸びる東海道（日本橋から京都まで五三宿）、中山道（日本橋から東海道草津宿まで〈板橋から守山〉六七宿）、甲州道中（日本橋から甲府を経て信州で中山道と合するまで、〈内藤新宿から下諏訪〉四五宿）、日光道中（日本橋から日光東照宮まで二一宿）・奥州道中（宇都宮で日光道中と分かれて白河まで、〈宇都宮から白河一〇宿〉）であった。

このほかにも多くの脇街道があり、美濃路（宮〈熱田〉から中山道垂井まで）、佐屋路（見附から浜名湖北岸経由で御油まで）、姫街道（佐屋路に付属する本坂通）、例幣使街道（日光への壬生通楡木から中山道倉賀野まで）などがやはり道中奉行の管轄下に入っていた。

これらの街道には、右に五街道それぞれの宿数を示したように、多くの宿場町が設置され、また一里塚（写真3－3参照）が整備された。宿場は、宿泊・休憩のほか、人馬継立・通信（飛脚）の機能を有し、宿内の有力者が問屋としてその業務を果たした。宿の維持には、町屋敷にかかる伝馬役・人夫役などが充てられ、宿内百姓には継人馬《つぎじんば》が付加された。さらに近隣の村々にも助郷《すけごう》を設定して一部を負担させた。重い負担を課せられた宿・助郷の農民はもとより、本陣・脇本陣もまた次第に困窮の度を深めた。

街道沿いや近隣の村々の重い負担を伴いつつも、セーリスが記録しているように、街道はよく整備されていた。

宿場町は、東海道では馬三六匹（頭）として出発したが、一七世紀中ごろからは一〇〇人、一〇〇匹を常置すべく定められていた。中山道では、途中の奈良井（写真3－4参照）

写真3-3　東海道の錦田一里塚

（出所）編集部撮影

など山間の宿場が多く、基本的に五〇人、五〇匹であったが、同宿や妻籠《つまご》・馬籠《まごめ》などの山深い木曽路一一宿に限って、二五人、二五匹への半減を認めていた。

　黄昏時に、妻籠の街並みを歩いてみると、宿場町の雰囲気を今でも味わうことができる。島崎藤村の『夜明け前』の時代以後、鉄道と幹線道路から外れた妻籠宿は、時代の急変から取り残され、町並みは余儀なく残った。今ではその多くが修復・復原されて、

写真3-4　中山道（木曽路）の奈良井宿

（出所）杉藤重信氏提供

往時を伝えている。

天保一四年（一八四三）、妻籠は本陣と脇本陣各一、旅籠《はたご》三一、総家数八三戸、人口七一七人であった。中山道の宿場町では、天保一四年に家数一〇〇～二〇〇、人口数百～一〇〇〇人前後という規模が標準であり、平均旅籠数は二七軒、人口一一四〇人であった。妻籠の旅籠数は中山道の平均より多いが、家数・人口は平均より少ない。同じ年、東海道では平均旅籠数五五軒、人口三九四四人であったから、中山道の標準の二倍以上であった。

大名の参勤交代の際や、幕府の公用で旅行する旗本は、朱印状や老中・所司代などの証文によって一定の人馬を使うことができた。大名の参勤の旅はとりわけ大部隊となった。享保六年（一七二一）では、二〇万石以上の場合、馬上一五～二〇騎、足軽一二〇～一三〇人、中間人足二五〇～三〇〇人に及んだ。東海道では、二〇万石以上の大名が無賃で使用できるのは三日間五〇人・五〇匹であり、残りは御定賃銭《おさだめちんせん》で雇うことができた。参勤の大名は本陣ないし脇本陣を使用したが、大きな大名であれば、家臣従者によって多くの旅籠が占領されてしまい、時には寺院などを使用することもあった。

参勤交代で往来する大名の数は、東海道一五四家、中山道三四家にのぼり、これに加えて遠国《おんごく》奉行、駿府・大坂・京都などの城代・所司代、各町奉行などの任地への往復、さらには、将軍家などへ献上する茶壺道中までが公用であった。沿道の住民は、これらの公用旅行に対してさまざまな負担と制約を課され、非常な畏怖を感じたと思われる。「茶壺（道中）に追われて戸ピッシャン（戸を勢いよく閉める）、抜けたら（茶壺が通り抜けたら）ドンドコショ」という童謡の一節は、まさしくこの状況を表現しているものであろう。

幕府の交通政策は公用中心であったが、藩士の旅行であっても有利な御定賃銭で人馬を使うことができ、武士はやはり優遇されていた。飛脚もまた、宿の重要な機能の一つであった。幕府公用の継飛脚には、江戸・京都間を二八～三〇刻《とき》（五六～六〇時間）で書状を送る急行便もあり、ほかに大名飛脚や町飛脚もあった。

一般の庶民の場合、問屋場ではなく、馬方や駕籠かきと直接交渉をすることになっていた。それでもさまざまな人たちが、比較的安全に旅行することができた。例えば大坂の商人升屋平右衛門は順調な旅行の記録を書き留めている。文化一〇年（一八一三）、大坂から江戸まで一二泊の旅程であった（『日本都市生活史料集成』）。

日本図に描かれた街道

正保国絵図が街道を詳細に描いていたことはすでに述べた。幕府の作製以外に刊行・販売された日本図にも、街道が詳しく描かれたものがあった。代表例が「流宣図《りゅうせんず》」と略称される、浮世絵師石川流宣《とものぶ》が描いた日本図であった。

初期の『本朝図鑑綱目』（相模屋太兵衛刊、貞享四年〈一六八七〉、図3－7）と題された図は、極めて装飾性の高い表現で、日本の形状も不正確であるが、図中に五街道と脇街道を描き、一覧表を充実して日本図の四周に配していた。

さらに、これと類似の内容を一回り大きな『日本山海図道大全』として、主要宿駅名を標記するとともに里程の一覧表をも掲げて刊行した（「図工」石川流宣、相模屋太兵衛刊、元禄

図3-7 本朝図鑑綱目（石川流宣作、部分）

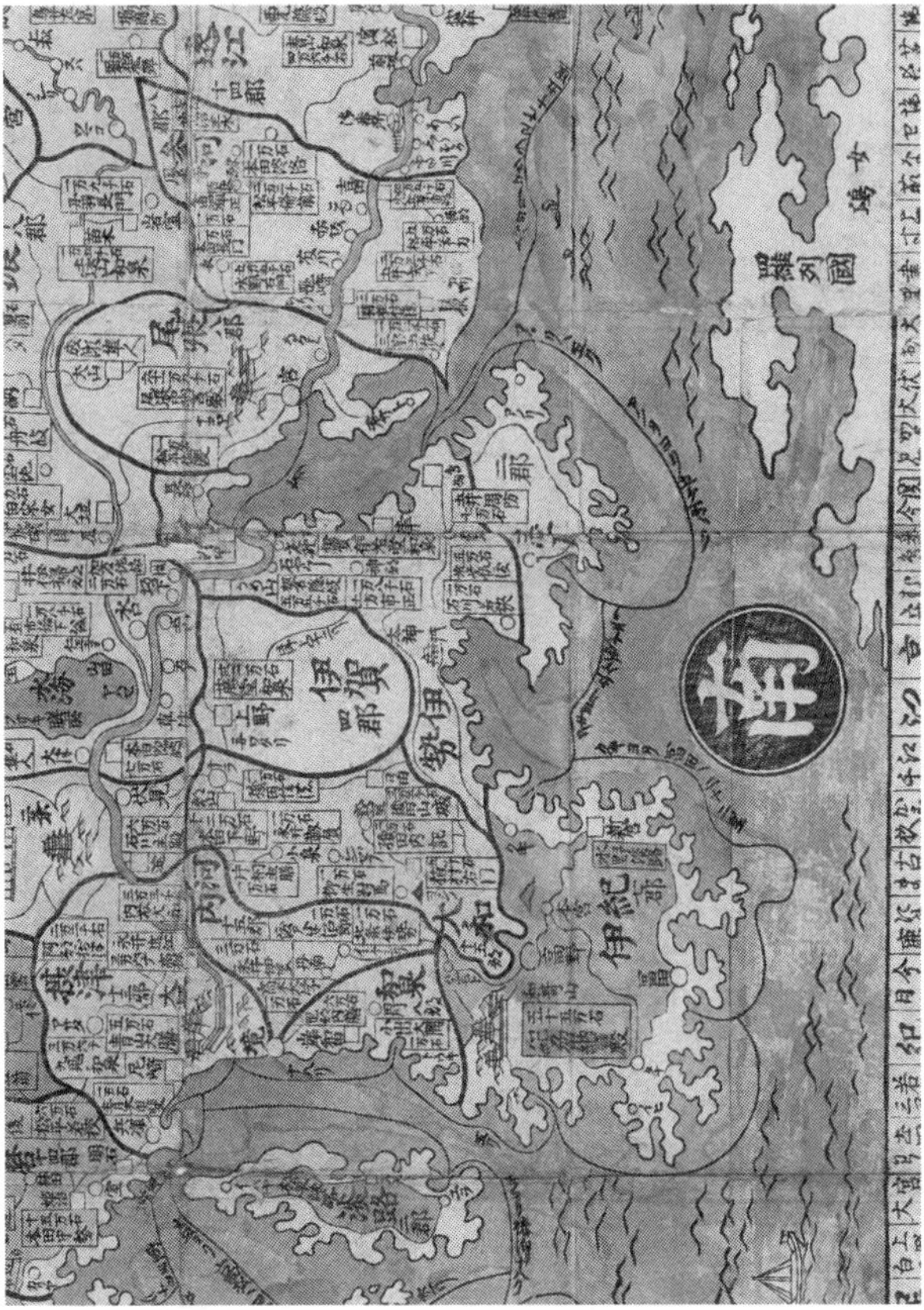

（出所）神戸市博物館蔵 Kobe City Museum/DNP artcom

一六年)。

『本朝図鑑綱目』の方も、内容が整理され、版を重ねた。地図としては、装飾性が高く精度が低かったが、広く一般に受け入れられた。

元禄一六年(一七〇三)版の『日本山海図道大全』(相模屋太兵衛刊)では、各国の位置と主要な藩の城下、五街道(東海道の宿駅、中山道の主要宿駅も)などが表現されている。また「江戸より京都迄東海道、江戸より京都迄木曽海(街)道(中山道)、江戸より日光道筋、紀州より道筋伊勢四日市迄、尾州名護屋より道筋」などの主要宿駅間の距離が一覧表で掲げられ、さらに「江戸より常州水戸迄、江戸より奥州仙台迄、江戸より羽州最上迄、江戸より加州金沢迄、江戸より京都迄、大坂より長崎迄、大坂より薩摩国迄、壱岐より対馬迄、対馬より朝鮮国迄」の里程表などが加えられた一枚図である。

このうちの「紀州より道筋伊勢四日市迄」とは、四日市から逆にたどれば伊勢神宮への参詣道でもある。全体として、当時の利用頻度の高い街道の道中図として便利であり、よく使用され、版を重ねたと思われる。

街道そのものの絵図も刊行された。遠近道印《おちこちどういん》という測量家は詳細な江戸図の作製者(藤井半知か)として著名であったが、詳細な街道図も作製した。彼が実測して原図を作り、著名な浮世絵師菱川師宣が仕上げた『東海道分間《ぶんげん》絵図』が刊行されたのは、元禄三年（一六九〇）のことであった。縮尺（分間）は「一町一分（一万二千分の一）」を基本とし、紙幅に合わせるために実際の方向を変えつつ（区分線で明示）描いてあるが、ところどころに方位を入れて意図的に屈節させた街道表現を補足している。川や宿場町の表現は、師宣の筆によって生き生きと描かれている。宝暦二年（一七五二）には、携帯用の縮刷版も出た。縮尺は元版の三分の一であり、本の大きさも六割ほどの折本であった。

東海道五十三次や中山道六七宿などは、広く親しまれた広重の浮世絵などの題材でもあり、生き生きとした宿場や街道の風光を伝えている。

藩による街道整備も

街道・脇街道を整備・管理したのは基本的に幕府であったが、藩が関与した場合もあった。琵琶湖の西岸をたどる街道、西近江路を取り上げてみたい。西近江路の前身は北陸道と呼ばれた古代の官道であり、八・九世紀におけるルートの変遷についてはすでに紹介した。いずれにしても、平城京・平安京などからのびて琵琶湖西の平野をたどり、北陸道諸国を目指した。

西近江路はかつて近世においても、京都と日本海沿岸を連ねる主要道で、街道沿いには宿場が、湖岸には港が設置されていた。

琵琶湖北西岸では西近江路は湖岸をたどるが、北端付近には、南北に続く街道の両側の道沿いに家並が続く海津（高島市）の集落がある。純粋な農村集落ではなく、小さな町並みのたたずまいで、現在でも何軒かの商家・飲食店と一軒の造り酒屋がある。

海津の特徴は、街道沿いの集落であることに加え、その東側の背後、つまり琵琶湖側に石垣が構築されていることである。

このような静かな湖面の琵琶湖に強固な石垣が設置されているというのは、やや不思議である。ただし湖ではあっても、季節や風向きによっては、大きな波が打ち寄せることがあるという。海津の南に続く西浜では、この状況を記した史料が残されている（「西浜区有文書、延享二年〈一七四五〉江州高島郡西浜村普請所明細帳」）。この史料によれば、石垣普請の状況は次のようであった。

元禄一五年（一七〇二）以来、大波がしばしば押し寄せ、百姓家や街道筋に打ち掛かったので行き来ができなくなった。それを訴え出たところ、翌元禄一六年に、西与一左衛門という代官が「入用銀」を支出して石垣を築き、それによって人馬の交通が心安くなった、というのである。

確かに海津や西浜は、琵琶湖の最も幅の広い湖面に面しており、風向きによっては大きな波に襲われるということは想像できる。それによって集落はもとより、街道まで波にさらされたというのである。

このころ海津やそれに続く西浜は大和郡山藩領であったが、加賀米の輸送基地であったことから海津の一部は加賀藩領であり、加賀藩海津屋敷が置かれていた。

西浜の場合、ここに紹介した史料にみえる代官とは、当然のことながら大和郡山藩の代官であろう。その支出による工事の結果、高さ九尺（二・七メートル）、根元の幅九尺、上端の幅六尺、長さ二七二間（約四九〇メートル）の石積みが施工されたという。

残念ながら北側に続く海津についての史料は見つかっていない。しかし大和郡山藩のみならず、海津に水運と街道の拠点を置いていた加賀藩もまた、石積みの資金を出した可能性は高いと考えてよいであろう。その結果、湖岸の石垣が出現したことになる。近世の藩による道路整備に関連する一例である。

石畳の道と一里塚

街道整備については、車道でなくとも石畳を施された例が知られている。江戸幕府が延宝八年（一六八〇）、一四〇〇〇余両を費やして、箱根峠〜三島間の約一〇キロメートルの部分を石畳としたとされる例である。

現在残存する「箱根旧街道石畳」は国指定史跡となっている。その保存整備事業に関わって、三島市が発掘調査を実施した。その結果、道の両側に一辺三〇〜七〇センチメートル、厚さ二〇〜三〇センチメートルの石を並べ、その中にやや小型の石材を敷き並べた構造であったことが判明した。

石畳の石材は、特別の基礎構造を伴わず、ローム層の土の上に直接据えられていたと報告されている。石畳の道幅は二間（三・六メートル）であり、まさしく石畳の舗装道路であった。

この石畳を描いた高力種信（猿猴庵《えんこうあん》）編・画の『東街便覧図略』（第六巻、寛政七年〈一七九六〉序）の絵画がある。石畳を敷設してから一〇〇年余を経た時期であるので、描かれていて不思議はないが、「富士見平」の挿絵には、石を並べた坂道が描かれているものの、石畳にしては、石が隙間をおいて並べられた表現である。石とわかるようにこのような表現としたものか、実際に現地を訪れずに伝聞によった表現であるものかは不明である。

実は広重の浮世絵の場合も、二様の図柄（「東海道十一　五十三次　箱根」「東海道五十三次之内　箱根」）とも、表現は異なるが石が点々と表現されている（図3―8）。

十返舎一九『東海道中膝栗毛』（享和二年〈一八〇二〉～文政五年〈一八二二〉刊）が「つま先上がりの石高道」あるいは「石だかの道」と表現しており、石がごろごろして凹凸の多い坂道（麻生磯次校注）と表現しているので、むしろこの表現と高力や広重の表現は符合する。今一つの推測は、箱根の峠道が雨水の流れによって登山道のような土が流れた状況となり、石がごろごろしていた可能性であろう。

「箱根旧街道石畳」付近には、錦田《にしきだ》、笹原、山中という三カ所の一里塚がある。錦田一里塚（写真3―3）は、東海道（国道一号線）に南北一対がほぼ旧態のまま現存しており、やはり国指定史跡となっている。

南塚は約一〇・五×一〇・二メートル、北塚は約一一・一×九・七メートルの、いずれも楕円形であり、高さは両者ともに約二・五メートルとされる。現在は南塚に榎、北塚に榎と赤松が生えているが、一八世紀中ごろには、南側は榎、北側は松であったという。

図3-8　箱根石高道の描写

（出所）安藤広重「箱根」

一里塚の構造は多様であり、東海道畑宿の一里塚は、発掘調査によって詳細が判明している。それによれば、直径約五間（九メートル）の円形に石を組み、内部に礫を詰めたものの上に土を盛る構造であった。その土には標識となる木を植えたと考えられている。

一里塚は、江戸日本橋から、基本的に一里ごとに設定された。『東海道分間延絵図』などには一つ一つ描かれているが、先に丹波国の例を紹介した正保国絵図における、一里ごとの道の両側の黒点もまたこの標識であった。

江戸防衛のため意図的に「難所」を残す

近世において整備された街道は、幕府による全国の統括とともに、江戸を防衛し、その大消費人口を支える生活物資を確保するためのものでもあった。庶民も街道を利用したことはすでに述べた。街道はやはり、人と物と情報の大動脈であった。

シーボルトは近世末の文政九年（一八二六）、江戸参府のために東海道を下ったが、帰路に大井川の川止めに遭遇し、岡部の宿に二日と島田宿に二日の足止めを余儀なくされ、次のように記している。

丸石で覆われた約一〇町の幅の河床は、この川がときおりひどく増水するに違いないことを物語っている。非常に速く流れるいくつかの川筋には橋が架かっておらず、渡河に舟を使うことができない。（斎藤信訳『江戸参府紀行（ジーボルト）』）

大井川の河道の認識はきわめて正しいが、橋がないことや舟を使えないことの理由には触れられていない。
シーボルトとは異なって、アンベールは橋を架ける技術がなかったと述べる。

川と言えば、日本人の建築技師は実に優れた技術を持っているが、橋を架けることはできなかったので、底の平たい小舟で越すか、それを生業《なりわい》とする強力な川越し人夫の肩に乗ることとなる。（高橋邦太郎訳『アンベール幕末日本図絵』）

川越しの状況は、先に紹介した『東海道中膝栗毛』にも生き生きと描かれている。
ふたりも値段取りきはめて、蓮台に打乗見れば、大井川の水さかまき、目もくらむばかり、今や命をも捨なんと思うほどの恐ろしさ、たとゆるにものなく、まことや東海道第一の大河、水勢はやく石流れて、わたるになやむ難所ながら、ほどなくうち越して蓮台をおりたつ嬉しさいはんかたなし。

渡河に際して、舟の使用・未使用については、シーボルトとアンベールの見解は異なる。橋がなかったこと自体については、両者に加えて『東海道中膝栗毛』も同様に記述している。しかし、アンベールの記載のように、技術的に架橋が不可能であったというわけではない。近世には、各所に「公儀橋」が存在していたことからもわかる。

例えば駿府城主徳川忠長は、将軍家光の上洛に際して浮橋を渡したが、かえって将軍の憤りを招いた（『徳川実記』）。この一件には別の政治的要因も関わるが、一方で、島田宿四八軒、金谷宿五一軒という、大井川の川越に臨む東西の宿における、多くの旅籠による営業上の反対もあった。

とはいえ多くの旅籠の存在も含めて、このような橋や渡船の未設置は、幕府による交通ないし軍事上の政策の結果であった。『徳川実記』は、「それ箱根、大井の両険は、関東鎮護第一の要地なり」としている。江戸防衛のために、意識的に難所として整備したとみられることになる。

アンベールは箱根についてもこう記している。

東海道は、森林に覆われた山々を通っている一本道で、（中略）江戸から西方及び南方の各地に延びる街道は、この地点で、みな幹線道路に合流している。そして東海道は峠の裏側で、突然狭い道を通るようになっていて、そこには厳重な関所が設けられ、武装した衛兵が番をしている（高橋訳、同前）。

まさしく箱根・大井の両険《けん》は、江戸防衛のために「難所」として整備されていた。街道は各地の場所や地域を結びつけるものであったが、これらの難所は街道を行き来する人と物を管理し、時に制限した。箱根の関所は明らかに管理のためであるが、大井川の川越もまた、政策的に難所として固定し、難所として整備した結果であったとみるべきであろう。

第　4　章

日本では馬も草鞋を履いていた

——外国人が見た日本の道

1　パークスが報告した道路事情

日本の道は徒歩の道

明治時代になると各国領事などの駐日外国人が増加し、彼らから本国への報告も多岐に及んだ。その中には当時の道にかかわるものがあり、日本における道の特徴をよくとらえているものもある。

明治一〇年（一八七七）、駐日英国公使パークスは、日本国内の「運輸の資質ならびに費用」について、次のように報告している（『英国領事報告書』、大蔵省翻訳課訳、訳文は漢字・カタカナ表記）。

陸路においては、諸貨物皆馬背に駄して、運輸の駄賃は道路の形状に従て（これを詳説すれば、山嶮を践《ふ》むか、あるいは平野を通ずるか、又は善く修繕せし道路か、あるいは海瀕砂際に沿ふたる道路か、その形状に従ふなり）一里につき五銭より十銭の差違あり。

すなわち諸貨物が、すべて馬の背で運ばれていることを特筆している。本書で述べてきたように一部の車道を除き、確かに日本の道は駄馬を含めて徒歩の道であった。このような現状報告の一方で、「馬車通行に適する新道築造をも其考按中なる云々」とあって、馬車用道路の建設が検討中であることについても言及している。

さらに、駄馬輸送の理由や道の特性について、同報告は次のように結論付けている。

①　東海道・中山道などの大道は商品運輸のためではなく、行政上・軍務上の便利を図るために設けられた。これらの大道は日本を横断し、山脈に平行するものが多く、容量の多い物品や多量の物品を運輸するのには不便である。

②　県道は封建時代の諸大名がつくったもので、江戸への往来に便利なように設けたものである。ほかに若干の便利な道はあるが、徒歩か、商用で国道へ出るのに便利であるにすぎない。

③　村路は産物を運輸し、また交通の便をはかるために、村費で作ったものである。つく

り方が一般に粗略であり、嶮しい山を通過するところが多い。村路は狭くて粗略であるが、陸上輸送の八、九割はこの道に拠っている。

パークスはさらに、次のような指摘をも加えている。

A　日本人は最近に至るまで、マカダム法（小さい砕石を道路に敷く方法）を知らなかったので、軟らかい材料で道を作った。そのため暴雨の後は車両がほとんど通行不能となるのが普通である。

B　ごく最近までは、商品の国内の輸送を駄馬によっており、人夫で運搬することもあったが、駄馬に比べれば少なかった。

この報告にある①～③の「大道（国道）、県道、村路」については、後に改めて言及するが、この分類は基本的に明治九年以後である。A・Bのように多くの路面が軟らかいために、雨の後は車両の通行が困難になるということや、多くの荷が馬の背で運ばれたことなどを、パークスは正しく認識していたとみられる。

しかもここに引用した箇所以外において、「唯古代の牛車の一種」だけが車両を使用する、とも指摘していることには驚かされる。パークスの認識の基礎にあるヨーロッパ社会（植民地も含め）においては、牛にひかせる荷車は舗装道路ではなく、難路・悪路や急坂であることが多かった。

ただしすでに述べたように、日本でも中世の京都周辺に車借《しゃしゃく》が活動したこと、あるいは近世以来の車道《くるまみち》の存在が知られるように、特定の道路や箇所では車両が使用されていたことには、パークスは触れていない。パークスの関心が当時の状況把握にあったことに加えて、見聞の範囲には車道が存在しなかったのかもしれない。

損傷が多かった泥土の道

前項で紹介したようにパークスは、日本人がマカダム法を知らなかったので、軟らかいものので道をつくったと報告していた。たしかに暴雨の後は、車両がほとんど通行不能となるのは珍しくなかったであろうし、歩行者にとってもぬかるんだ泥土の道は歩きにくい状況であった。泥土ではなくても草鞋《わらじ》履きの旅人は、目的地や途中の宿に着いた時、屋内へあがるのに足を濯《すす》ぐ必要があった。

この点は実際には、ヨーロッパ社会でも類似した状況があった。イギリスの伝統的なテラスハウス（長屋住宅）などには、各家の入り口のドア横下に、直径二〇センチメートル程の穴に横棒を通した、靴の泥落としがあるのが普通であった。私は初めて見たとき、用途がわからず、猫の出入り口なら屋内に続いているだろうと覗いてみたほどの大きさの穴である。

暴雨の後などにぬかるんだ道は、確かに歩きにくい。しかしそうでなければ、日本における草鞋履きの歩行のためには、角立った砕石の道よりも、むしろ軟らかい路面が足になじんだであろう。日本人がマカダム法を知らなかったのではなく、その必要がなかったとみる方が自然であろう。

とはいえ、日本の伝統的な道は、路面が軟らかいだけではなく、雨水が流れることによる路面の浸食によって、とりわけ傾斜地の道は損傷が多かった。箱根の石畳が雨水に洗われて、石材がゴロゴロしていたであろうことも紹介した。

雨の多い日本では、牛車専用に舗装された車道であっても、しばしば雨後の通行困難を免れえなかった。

例えば、先に紹介した大津道（東海道）の日ノ岡峠越え一帯において、明治三年（一八七〇）、古道の部分で「山崩」三間（高さ八間）、新道部分で「石垣崩」一間二尺（高さ三尺）と三間（高さ一尺）、「井堰崩」幅三尺（高さ二尺）と幅一間（高さ二尺）などが発生していた（京都府庁文書『史料　京都の歴史　山科区』）。

明治一〇年には、日ノ岡峠の改修を記念して当時の槇村京都府知事が「修路碑」を建立した。それによれば足かけ二年を要して、京都三条・近江国界間、計一里一九町五一間（約六・〇九キロメートル）を修築した事業であった。この際の工事は、一八世紀前半の木食正禅による車道の建設工事の際と同様に、峠を一一丈一尺四寸（約三三・五メートル）切り下げ、道をなだらかにするものであった（『同前』）。

馬車がなかった近世以前の日本

ところが、先に紹介した中世の車借と馬借に関わる表現に、「牛の頸《くび》」が爛《ただ》れても、あるいは「馬の背」が窪《くぼ》んでも、などというものがあった。牛には軛《くびき》をかけて荷車を曳かせていた。その重い荷車を通すためには、堅い路面が必要であった。これが近世の車道《くるまみち》の敷設に結びついたと思われる。

しかし先の大津・京都間の例のように、その硬い路面の車道と、軟らかい人馬の道は分けられていた。馬には馬車を引かせるのではなく、背に荷を積んで運んでいた。牛に荷車を曳かせる車道と、人と、人や荷を背に積んだ馬が通る人馬道が、併行して別々に設定される場合があった。

近世以前の日本では、人が乗ろうと、荷を積もうと、馬が車を引くことはほとんどなかった。古代の駅馬・伝馬も、乗用ないし駄馬であった。『延喜式』主税上に書かれている八・九世紀の「功賃（運送賃）」も、「船賃」を除けば「駄別」つまり馬の背に乗せる単位（一駄＝三六貫〈約一三五キログラム〉）ごとであり、この状況を示している。

中世の馬借も、さらに近世の街道を行く馬も、また軍用の騎馬であれ、公用・私用の乗用であれ、すべて乗馬用か荷物用の駄馬であった。安藤広重による著名な東海道五三次の浮世絵には多くの馬が登場するが、当然ながら描かれているのは駄馬がほとんどで馬車はない。

しかも日本では、いつの時代においても、人が旅行用に用いた履物は、基本的に草鞋《わらじ》であった。現在からは想像できないが、馬もまた、人と同じように草鞋を履いていたのであり、現在の馬のように蹄鉄を打ってはいなかった。馬の草鞋は馬沓《うまぐつ》とも言い、藁はもちろん、和紙、皮革、馬毛、人毛などでつくられた。

日本のあちこちに沓掛という地名があるが、この馬沓に由来したものであろう。例えば広重の描いた「内藤新宿（中山道）」でも、沓を履いた馬が描かれている（図4―1）。蹄鉄を打っていなかったことについては、日本馬の蹄が硬かったことによるとされるが、それ以上に、路面が軟らかい土であったことが関係したであろう。

図4-1　馬の沓を描いた浮世絵

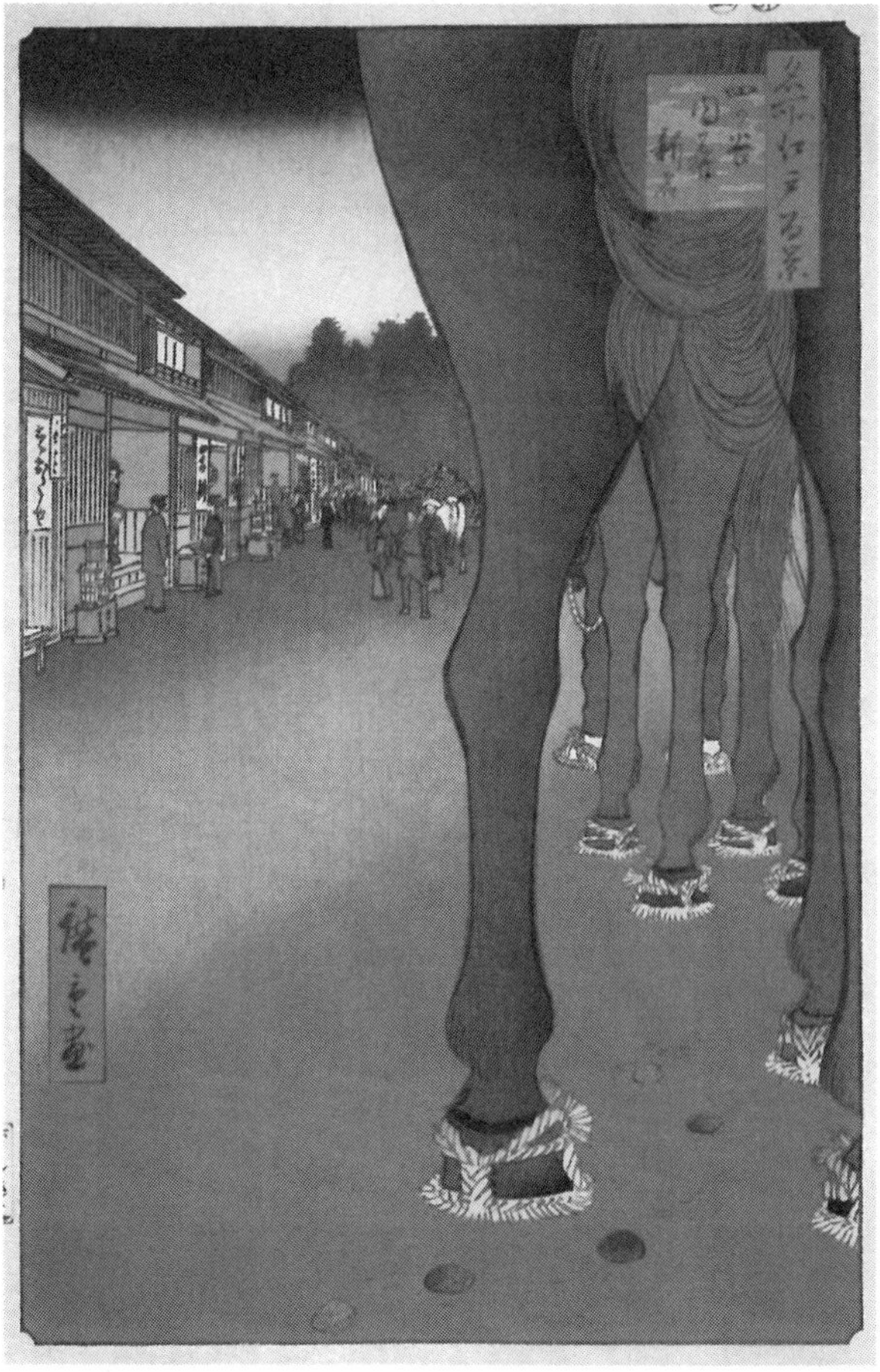

（出所）安藤広重「名所江戸百景　内藤新宿」

この状況に対して明治政府の陸軍は、大きな馬の輸入とともに、明治六年（一八七三）にフランスから装蹄教官を招いて蹄鉄の装着を学んだ。明治二三年には、ドイツ人教官を招聘して、蹄鉄技術の導入と定着に努めた。蹄鉄工免許規則が制定され、獣医学校や農学校でも蹄鉄工の養成が始まった。しかし、各地の農山村にも蹄鉄が普及したのは大正時代（一九一〇年代）に入ってからとされる。

近世以前、道を行くのは、人であれ馬であれ、いずれも徒歩であった。道は東海道の一部や京都—伏見間のような特定の車道《くるまみち》を除けば、硬い路面である必要はなかった。人はもちろん馬さえも、硬い靴や蹄鉄ではなく、軟らかい草鞋や沓を履いていたのである。この状況ではむしろ軟らかい路面こそが、通常の安全な歩行を保障したともいえよう。

日本では、牛が荷車を引くための特定箇所の車道を除けば、人馬用に硬い道を造る必然性はなかったのである。ただし、パークスが指摘するような雨や流水の際の軟弱な路面は、確かに問題であった。

曲がった道や狭い道が多かった

参謀本部陸軍部調査局による、明治一七—二二年（一八八四—八九）の「仮製二万分一地形図」では、道路をまず、「国道、県道、里道、村道、特設道、騎小径、歩小径」に区別している。当時の道はほとんどが近世以来の道についての分類であったが、後に説明する明治五年の規定には存在しない、村道・特設道・騎小径・歩小径などをも分類して表現している。特設道を除けば、狭い道を何種類にも分けて表現していることが注目される。

騎小径・歩小径は、騎馬が歩行できる小道、人しか歩行できない小道であったと思われ、車両の通行は全く不可能であったろう。当時の道の実態を地図上に表現するための分類である。

さらに、道の構造を「敷石道、敷礫道、天然石ヲ敷タル道」に分けている。敷石道とは、車道《くるまみち》や箱根の峠道のような加工石を敷いたものであろう。敷礫道は、パークスが言及していたマカダム法による道か、あるいはそれに類する砂利道であろう。

さて、図4－2は京都府の山科盆地で、先に車道《くるまみち》の敷設状況を紹介した日ノ岡峠から平野へ降りた辺りの東南側一帯の地図である。

東海道（大津道）は、京都三条から進むと、日ノ岡峠から降りて少し東南東へ直進した後、東に方向を転じた。盆地北部の東西方向の㋑「東海道」と、盆地北東隅の「追分町」から分岐して南南西に向かう㋺「奈良街道」の二道が国道、京都から東山を越えて「御陵町」

図4-2　山科盆地北部（明治20年）の道路網

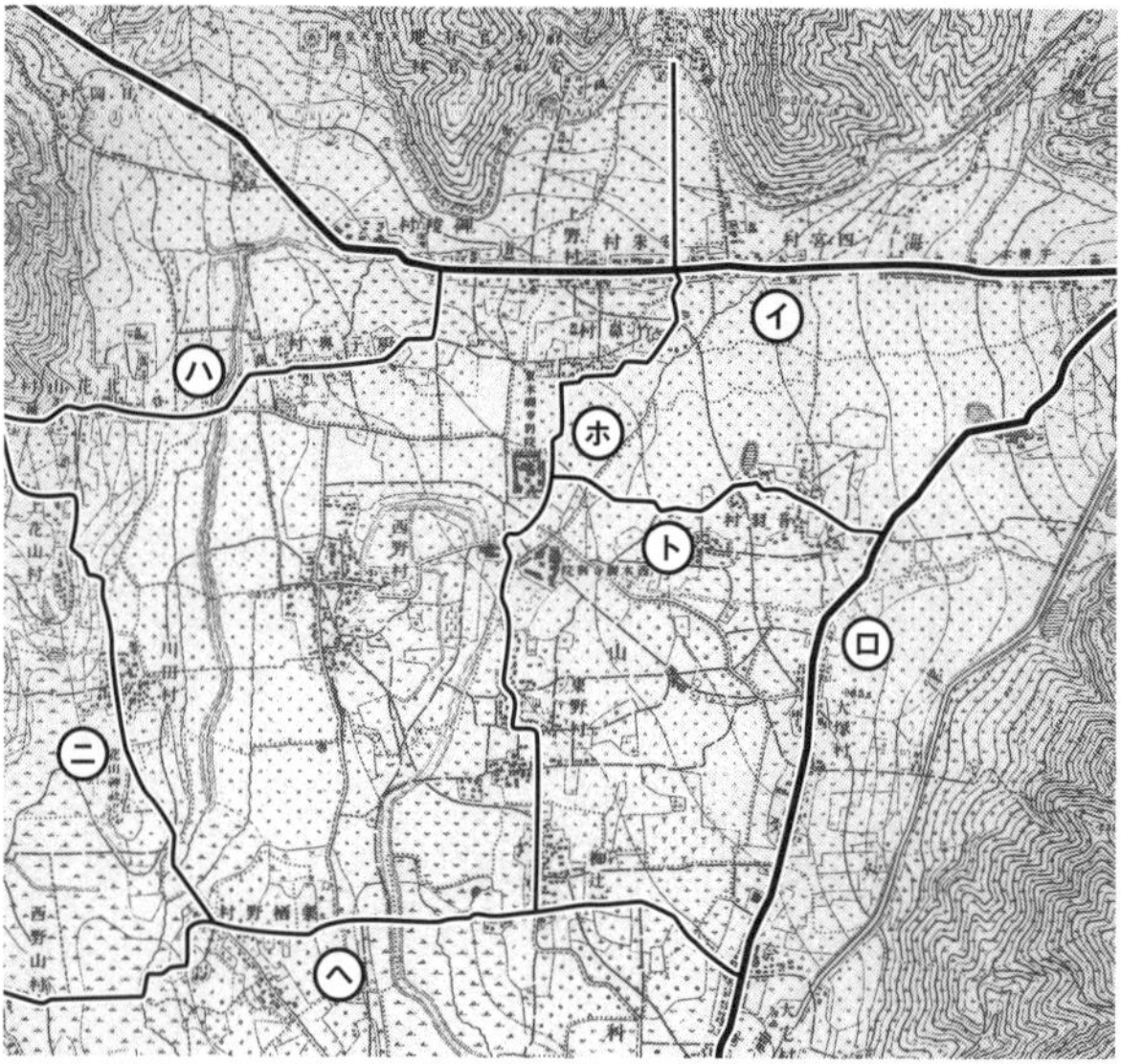

（出所）仮製二万五千分の一地形図（一部加筆）

で東海道と合流する㋩「渋谷街道」が里道と分類されている。

　さらに、渋谷街道から盆地西辺を湾曲しつつ南下する道㋥、北辺中央の「安朱村」からやはり湾曲しつつ南下して中央部の「椥辻《なぎつじ》村」に至る道㋭、中央部を東の「大宅村」と西の「栗栖野村」「西野山村」をつなぐ道㋬、同様に「音羽村」付近の東西道㋣などが「村道」として表現されている。これらより狭い騎小径・歩小径なども描かれているが、いずれも湾曲・屈曲が著しい。

特設道の表現は、東海道から北の天智天皇陵への参道、また同様に毘沙門堂へと延びる直線道に用いられている。いずれも、まさしく特設の道であった。

また、東海道「日岡村」の一部、中央の「上野村」付近、奈良街道の「追分町」と「音羽村」間、渋谷街道の峠から「北花山村」へ降りる部分と「厨子奥村」西側の一部などが「敷石道」とされている。ほかには、何らの舗装の存在も表現されていない。

道路以外に、東側の山裾を斜交する二本線（「自大津至神戸鉄道」）が描かれているが、こちらは道路とは基本的に異なる。このルートは京都から大津への一部が現在のＪＲ奈良線に、山科盆地部分が現在の名神高速道路敷地に踏襲されている。

このような山科盆地の明治二〇年における状況は、他の仮製二万分一図と比べても、大都市の市街地の一帯を別とすれば、当時としては比較的密度の高い道路分布である。しかし、古代以来の東海道や、奈良街道のルートや特設道などの例外を除けば、湾曲・屈曲の多い道や、狭い道が多いという状況は、当時として一般的であったと判断してもよいと思われる。

2　わずか五十年で整備された近代道路網

明治政府の道路計画

前節で紹介したパークスの報告に先立つ明治五年（一八七二）、明治政府はまず、道路制度策定のために次のような報告を命じていた。

道路の制、追々一般に相立らるべく候に付ては、差向管内、何街道何往還と相唱候分、道敷及び左右並木除地の間尺その沿道、一駅一村限り、明細帳あるいは明細絵図等の旧記、大蔵省へ差出すべきこと。（太政官第八十九号〈布〉、原文、漢字・カタカナ）

明治六年八月二日（一八七三）、「河港道路修築規則（大蔵省達番外）」において、「一等道路（東海・中山・陸羽道のごとき全国の大経脈を通ずるもの）」、「二等道路（各部の経路を大経脈に接続する脇往還・枝道の類）」、「三等道路（村市の経路等）」を定め、五七県（当時）

に計一五一万円余（三カ年平均）の工事費を計上した。

さらに明治九年、この等級を廃して新たに国道、県道、里道を定めた（太政官布告第六十号）。要旨を整理すると次のようになる。

国道（一等幅七間、二等幅六間、三等幅五間）
（一等）東京〜各開港場
（二等）東京〜伊勢宗廟及び各府・各鎮台
（三等）東京〜各県庁、各府各鎮台の間の道
県道（幅四間〜五間）
（一等）各県を接続、及び各鎮台〜各分営
（二等）各府県本庁〜支庁
（三等）著名の区〜都府及びその便宜の港湾等の間の道
里道（幅の規定なし）
（一等）数区を貫通または二区の間
（二等）当該区の協議により特別に加えるもの

（三等）神社仏閣間及び田畑耕耘のための道

最重要の一等国道が幅約一二・六メートル、県道が七・二〜九メートルといった規定であった。

先に紹介したパークスの報告はこの翌年であったから、この太政官達を受けて三段階の道路が存在していたことを反映した認識であったと思われる。ただし大蔵省翻訳課が、「大道・県道・村路」の訳語を当てているので、パークスの認識はこの規定のままではなく、また道路の実態はそれ以前の状況であったとみられる。

さらに大正八年（一九一九）の道路法（法律第五八号）によって次のように改正された。

道路がまず、国道、府県道、市道、町村道の四種に区分された。また国道には、明治九年の規定に準じた対象に、「主として軍事の目的を有する路線」が加えられた。

府県道はやはり明治九年の規定に準じ、詳細に説明された九種類の路線とされ、府県知事の認定によるものとした。

さらに、市道・町村道も市内・町村内の道とし、これも市長・町村長の認定とした。

また、国道は府県知事の管理、その他の道路管理は基本的に認定者（市長・町村長）とし、費用・義務、監督・罰則などの規定が加わった。

加速度的に進んだ道路整備

先に紹介した、明治一〇年（一八七七）の国道日ノ岡峠付近（史料の表現では大津道ないし東海道）の道路工事は、峠の切り下げや勾配の平均化を含むとはいえ、基本的に旧道の改修であった。しかしやがて、大小いろいろな道路が新たに建設されるようになった。

仮製二万分一地形図（図4−2）によって当時の道路状況を紹介した山科盆地でも、新道建設の過程を確認することができる。

京都付近一帯では、明治一七年に地籍図が作製された。山科盆地一帯の地籍図には、それまでに確立した地番と、地番ごとの地筆の形状が表現されている。後の京都市とその周辺では、これを字《あざ》ごとに再製図した地籍図が長く使用された。このような地籍図には、新たに設定された道路敷が表現されている。

例えば旧東海道は、図4−2のように仮製二万分一地形図でも確認されており、現在はこれを旧三条通と呼んでいる。仮製図の段階には存在していなかった新しい国道が、地籍図では、その一五〇メートルほど南側を並走し、「四宮」の南側付近で北寄りに方向を転じてい

図4-3　山科盆地地北東部　地籍図上の道路敷

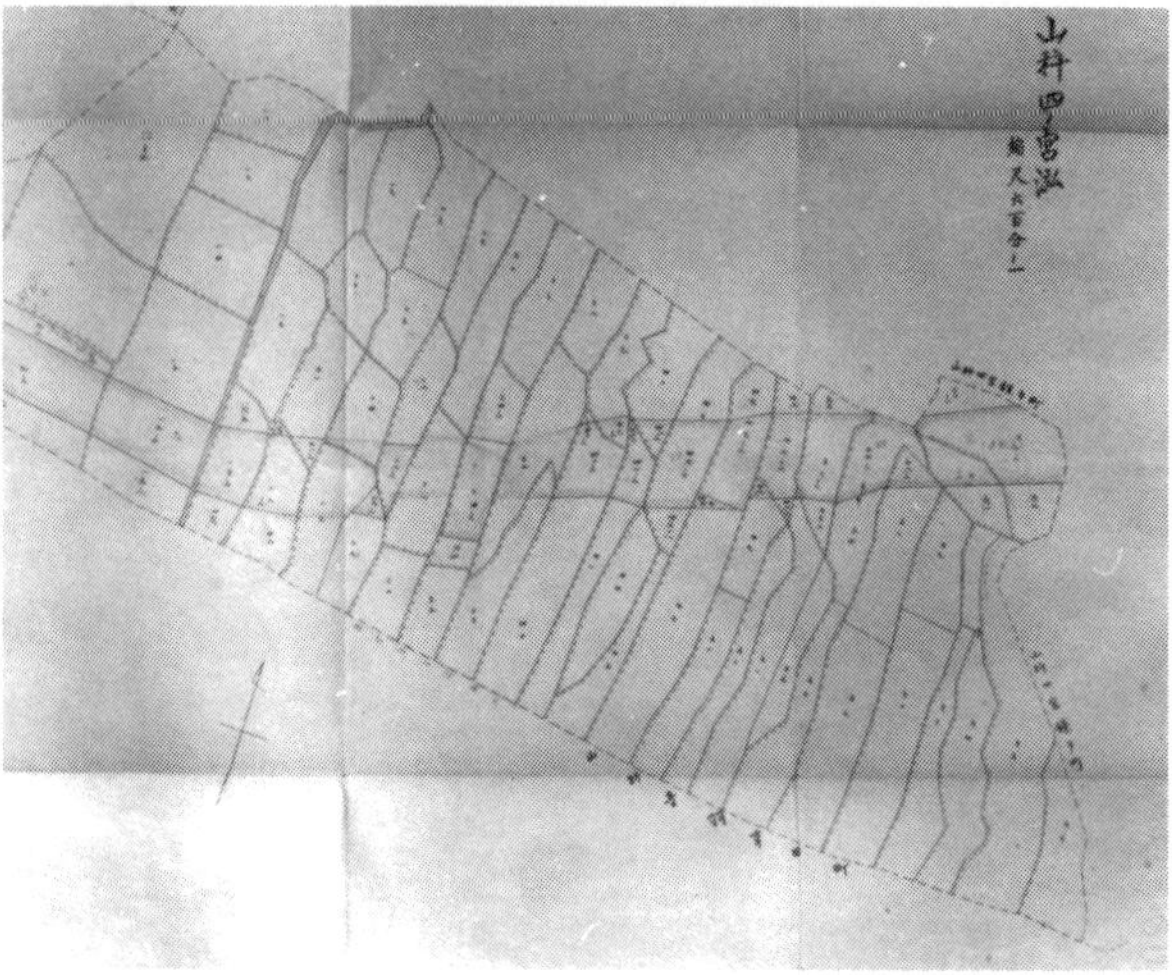

（出所）明治17年地籍図山科四宮弘

る。

この新しい国道の盆地の東端付近に字《あざ》「山科四ノ宮弘《しのみやふけ》」があり、図4－3のように表現されている。この付近は、追分を扇頂部とする小さな扇状地の扇端部にあたり、地下水が湧出する地形条件である。「弘《ふけ》」という地名もこの条件に由来するものであろう。同字の地籍図の東側半分が扇状地の傾斜に対応した緩やかな棚田状を呈した地筆が続いており、西側半分は扇端付近のやや平坦な地形部分における、ほぼ方形の地割形態である。

新しい道路敷はこれらを縦貫する

図4-4　山科盆地西部　地籍図上の新道路敷

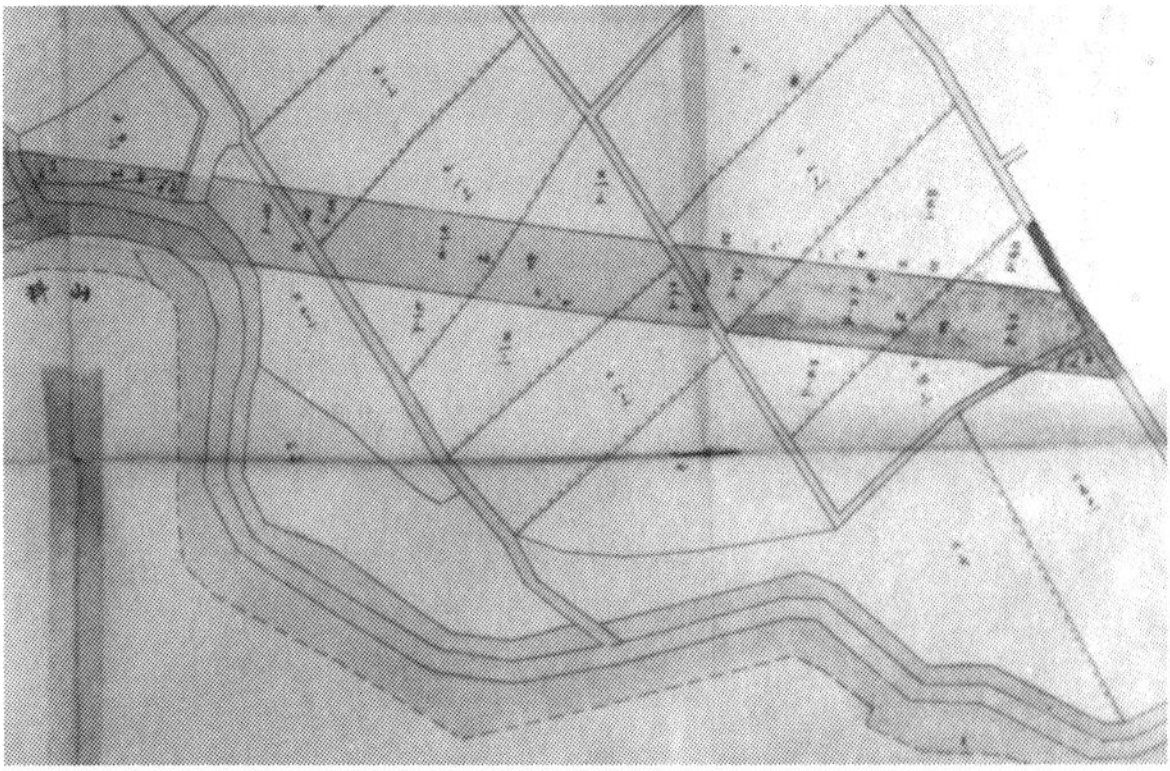

（出所）明治17年地籍図山科勧修寺西金ケ崎

ように設定されていて、地筆が分筆されている。例えば一五番地は、一五、一五ノ一、一五ノ二に分筆され、中央の一五ノ二が道路敷である。

国道のような幹線道路ではないが、図4―4の場合は当時の栗栖野村西部と勧修寺村北部を連絡する「山科勧修寺西金ヶ崎」部分の村道ないし里道（現在は市道）に相当する道路である。屈曲して流れる山科川支流に沿って、やはり地筆の列と無関係な方向に分筆し、道路敷を設定していることが知られる。

このような道路建設は、時期や道路の種類は異なるが、日本各地で進行した。このように道路敷を新たに買収して建設された新道の敷地は旧来の地筆を分筆したので、日本各地の地籍図において類似の様子を確認できる。

新たな道路建設は、次第に加速度的な増加をしているが、その様子を再び山科盆地で眺めてみたい。

図4－5（旧）は昭和二年（一九二七）修正測量の二万五〇〇〇分の一地形図から幅二メートル以上の道路を抽出したものである。明治二〇年（一八八七）の仮製図に比べて道路網はかなり多くなっている。

ところが図4－5（新）のように、（旧）の約六〇年後（昭和六一年〈一九八六〉修正測量）になると、比較しようがないほどに道路網が激増している。しかも同年の二万五〇〇〇分の一地形図の分類に従って、幅三メートル以上の道路を抽出したものなので、図4－5（旧）に含まれていた幅二～三メートルの道路は拡幅されない限り除外されている。従って、実際の増加の程度はさらに著しいとみられる。

ただしこのような山科盆地の場合には、京都外縁部における市街地拡大の影響が及んでいるとみるべきであろう。これに対して日本各地の農村地帯の場合、道路網増大のもっとも大きな画期は圃《ほ》場整備事業の進行であり、地域によって違いはあるが、早くて一九七〇年代以後の動向であった。

日本における道路網の充実は著しいが、それは過去五〇年間ほどの出来事であり、日本の道の歴史からすればごく最近のことといって過言ではない。

人力車と馬車の登場

幕末・明治の状況に戻りたい。馬が曳き、人が乗る、それまでの日本になかった馬車は、幕末の横浜居留地を特徴づける光景の一つであったとみられる。

例えば一猛斎芳虎《いちもうさいよしとら》「武州横浜外国人遊行之図」には、芝居小屋の前を行く、御者と「官人」が乗った二頭立ての馬車が描かれている。一連の絵には、別に「馬術」と題された数頭の乗馬も描かれているが、いずれも馬は沓を履いておらず、蹄鉄付きの馬を描いたものであろう。

維新後の明治三年、四代目歌川国政（三代目国貞）の浮世絵でも、「於横浜無類絶妙英国之役館」（図4－6）に、煉瓦造りのイギリス領事官前を行く徒歩・乗馬の人々とともに、二頭立ての馬車が描かれている。馬車上には、御者と二人の乗客、一人の従者と思われる人物を描いている。

限られた車道《くるまみち》を除けば、日本の道路を車両が通行するようになるのは、幕末の居留地や、

図4-5（旧）　山科盆地の道路網（昭和2年、幅2メートル以上）

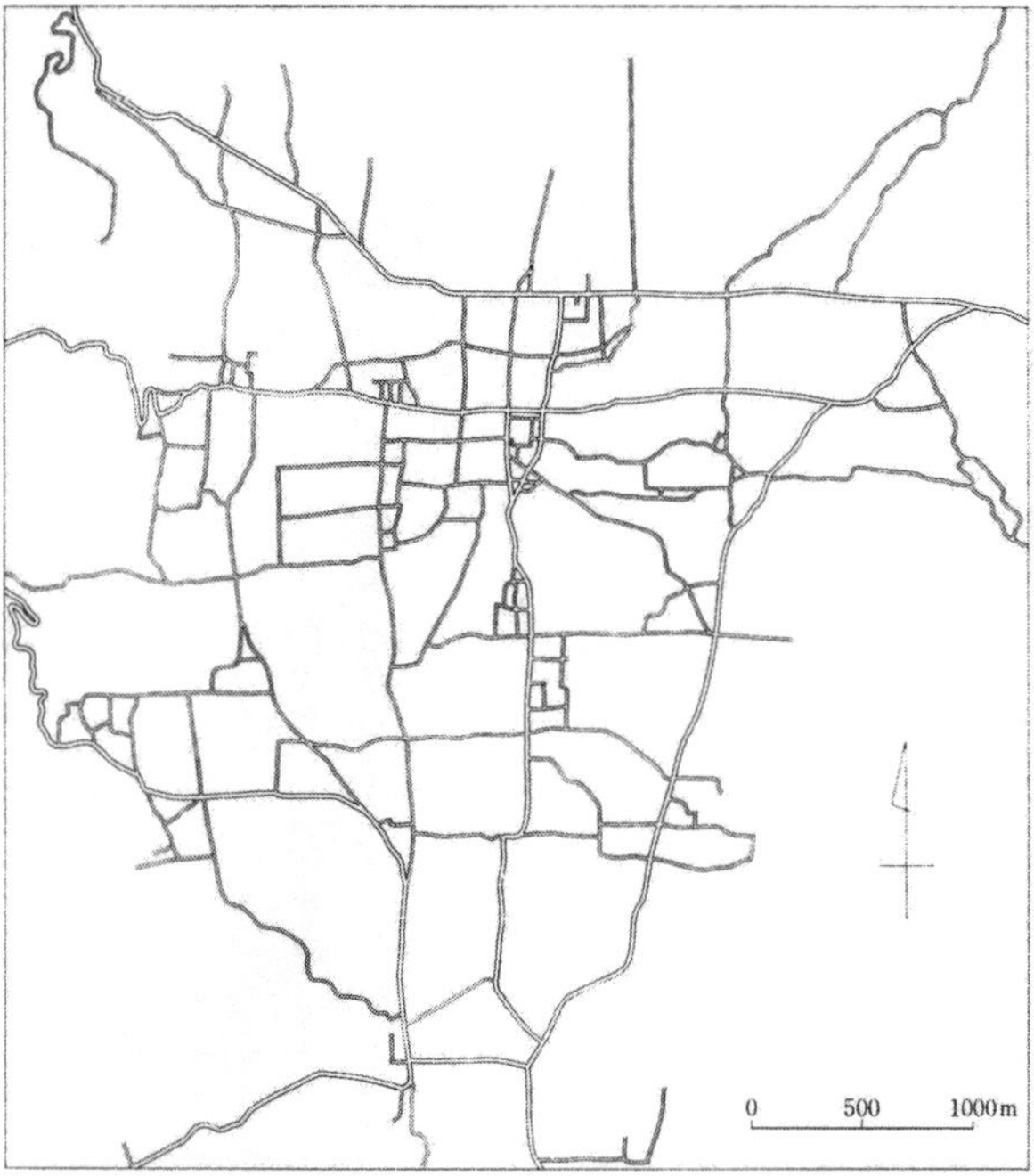

（出所）金田、1988（『史料 京都の歴史11 山科区』）

図4-5（新）　山科盆地の道路網（昭和61年、幅3メートル以上）

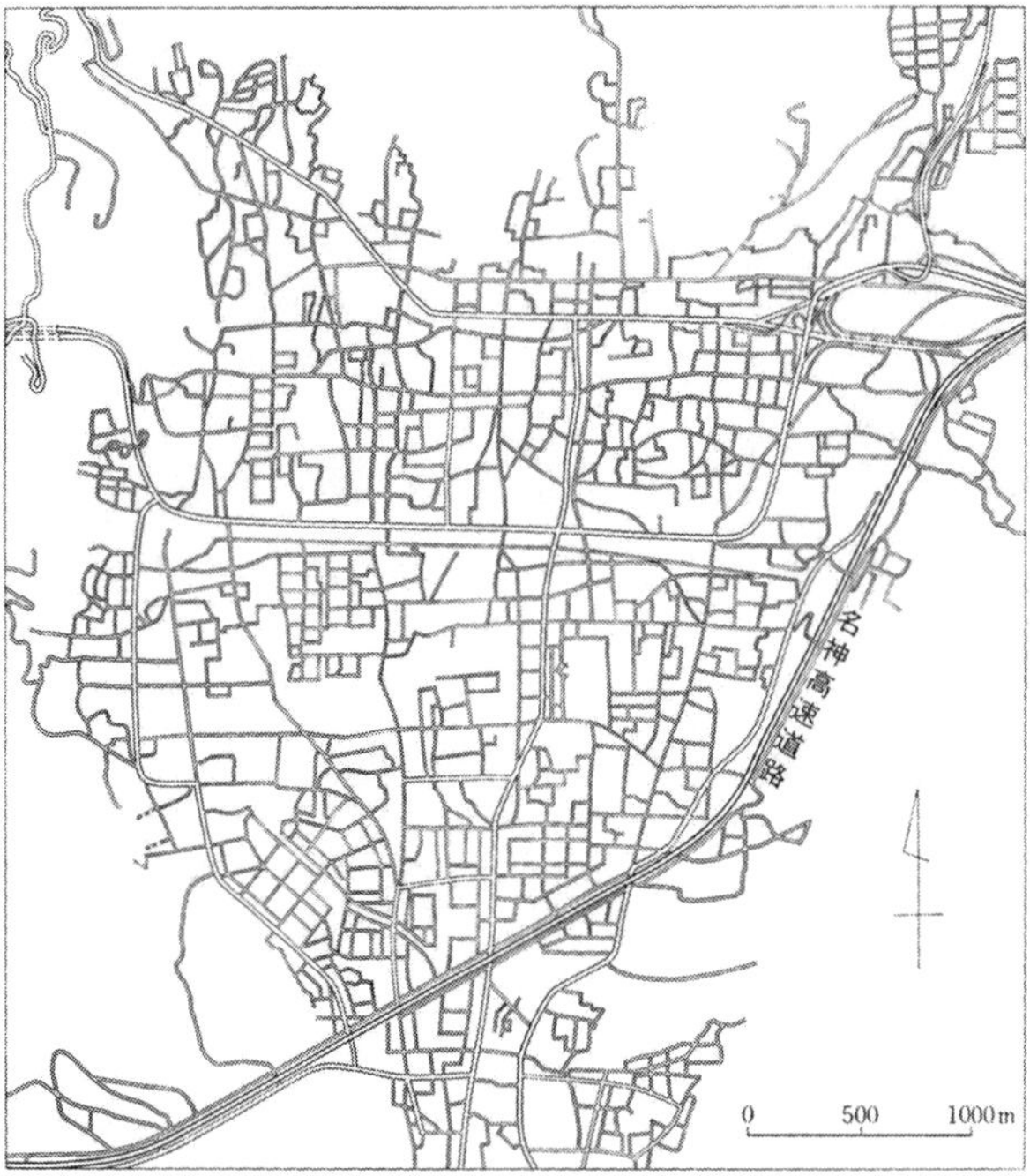

（出所）金田、1988（『史料 京都の歴史11 山科区』）

図4-6　馬車の描写（横浜居留地、明治3年）

（出所）歌川国政「於横浜無類絶妙英国之役館」（部分）

明治に入ってからのことであった。

一方、明治二年（一八六九）ごろに人が曳く乗用の人力車が発明され、東京では急速に利用が増加した。二年後にはその数が四万台を超えていたとされる。人力ではあるが乗車用の車両がにわかに一般化したことになろう。平安京などにおける貴族の牛車や、子供を乗せる手車を別とすれば、乗用車両が道路を走るという大きな変化が生じたことになり、日本の道路交通の大きな転機であった。

さらに、同年の四月には、早くも乗合馬車が開業していたことが注目される。明治六年になると、その前年に開通していた横浜と結ぶ蒸気鉄道新橋駅近くの、芝口・汐留に乗合馬車の発着所がおかれ、また神田三崎町にも置かれていたという。

乗合馬車は長距離でも走り始めた。明治七年から東京―小田原間で営業を開始していた長距離馬車は、八年一一月には熱田（名古屋市熱田区）まで、九年八月には京都まで延長された。六人乗りの乗合馬車であり、乗れなかった客は人力車で次駅まで送る規定であった。

東京内でも、明治一〇年ごろには、新橋―浅草、品川―新宿などに定期便ができた。乗合馬車の運行のためには、マカダム法などによる、相当硬い路面が必要であったと思われる。

明治一三年（一八八〇）には東京馬車鉄道が設立され、二年後には新橋―日本橋の線路が竣工した。一・三七メートル幅の軌道を二頭立ての客車が走り、乗合馬車よりも乗り心地が良いとの評判であった。「硬い路面」よりも軌道の上のほうが、より進行に便利であったことは想像に難くない。

その後、路線は日本橋―上野、上野―浅草雷門―厩橋―横山町―本町と延長された。同社は、二四～二七人乗りの客車（国政の浮世絵の二頭立てよりはるかに大きい）を三〇～四〇両保有して運行したとされる。同三〇年には、品川馬車鉄道会社も開通したが、二年後には東京馬車鉄道に譲渡された。

　馬車鉄道の利用者は非常に多く、最盛期の明治三五年（一九〇二）には、東京馬車鉄道の保有が車両三〇〇両、馬三〇〇〇頭に及んだとされる。年間運賃収入は一四〇万円に達したという。

　京都でも、明治二三年ころから、京都―大津間、京都―奈良間、京都―宮津間などで、乗合馬車の定期営業が開始された。

　このように、乗合馬車と馬車鉄道はいずれも明治の初めころに導入された。東京ではとりわけ急速に広まったが、その最盛期は短かった。馬車鉄道は乗合馬車よりも乗り心地が良いとはいえ、乗合馬車と同様に、馬の放尿と放糞が悩みであり、特に風雨の際の散乱が問題であった。さらに、馬の酷使に対する批判もあったという。

村の道と町の道

　前々項で紹介した大都市付近、あるいは主要街道などを踏襲した国道や県道などの拡幅・補強工事とともに、各地で里道の工事が行われた。

農村地帯においては、例えば富山県では次のような状況であった。明治一八年には、国道二〇号、および二一号甲・乙の路線が決定した（内務省告示第六号）。富山県はさらに明治二〇年、計二四路線の県道を仮決定し、加えて里道の建設・改修も始めた。

富山県西部の東砺波郡出町（砺波市）付近において、道路建設が始まったのは明治一七年（一八八四）であった。近世以来、出町（当時杉木新）からは東・西砺波郡内の主要な町や村（今石動《いするぎ》、福岡、戸出、太田、井波、福野、津沢など）の一〇方向へと道路が通じていた（図4－7旧(イ)～(ヌ)）。

同年、県は「土木員」を派遣し、測量を開始した。今石動への道（図4－7新、(ホ)）を幅九尺（二・七メートル）の道として整備し、同一九年に竣工した。同年さらに太田村への道(ヌ)の拡幅・修理に地方税を支弁し、翌年には戸出方向(リ)と福野方向(ロ)への道をやはり幅九尺とし、また井波への道(イ)を拡幅・直線化し、津沢への道路(ハ)も改修された。明治二四年には福岡への道路敷(チ)の土地も買収されていたので、このころには出町からの各方向の道が県・郡によって整備されたと思われる。

これらの道路幅はいずれも九尺であり、明治九年の太政官達では幅が規定されていない「里道」に相当したものであろう。やがて主要道は里道であっても幅二間（三・六メートル）

図4-7（旧）　明治時代の道路整備箇所
（富山県砺波市出町付近）

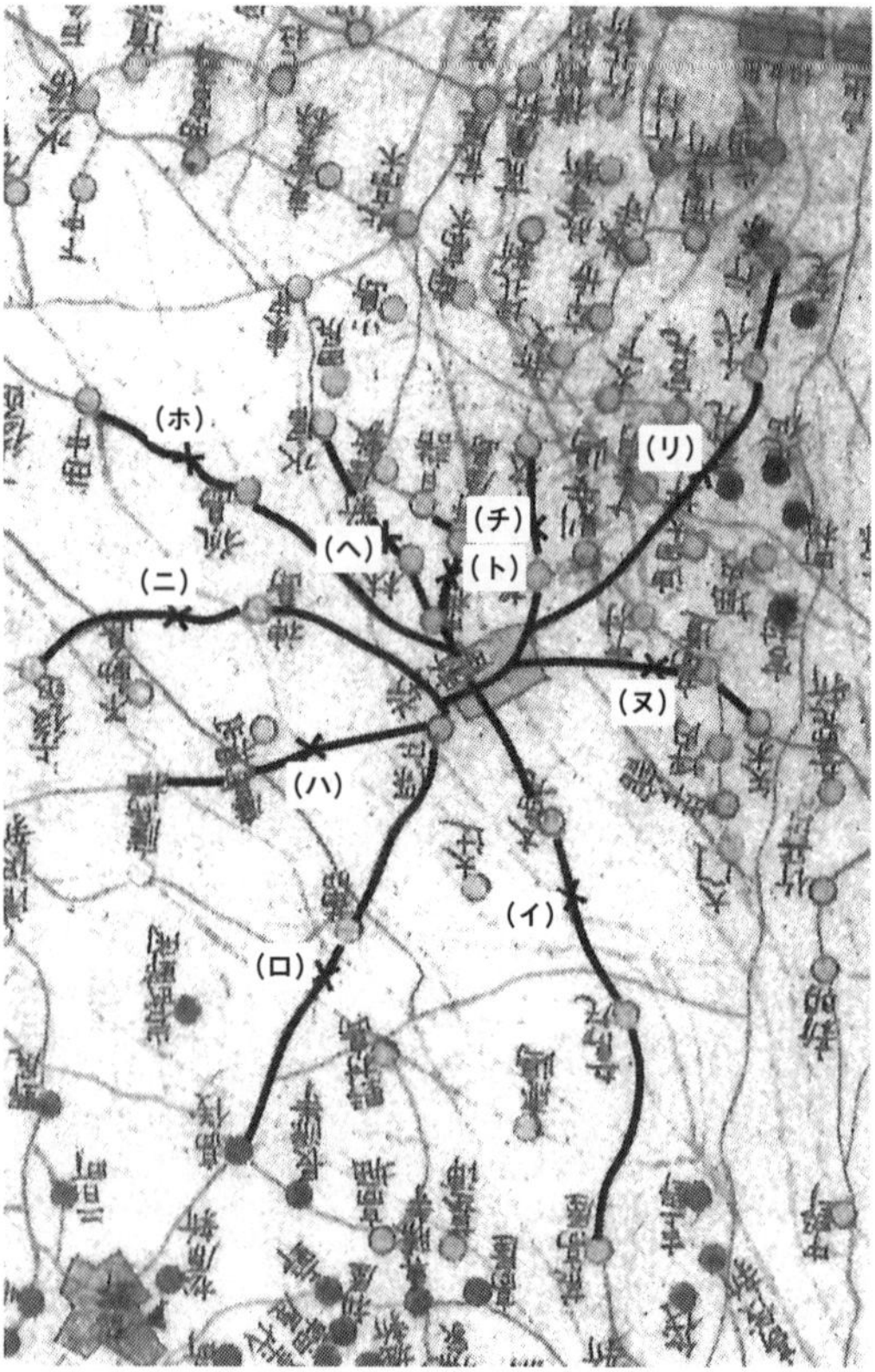

（出所）金田、2021年（石黒信田図に加筆）

図4-7（新）　明治時代の道路整備例
（富山県砺波市出町付近）

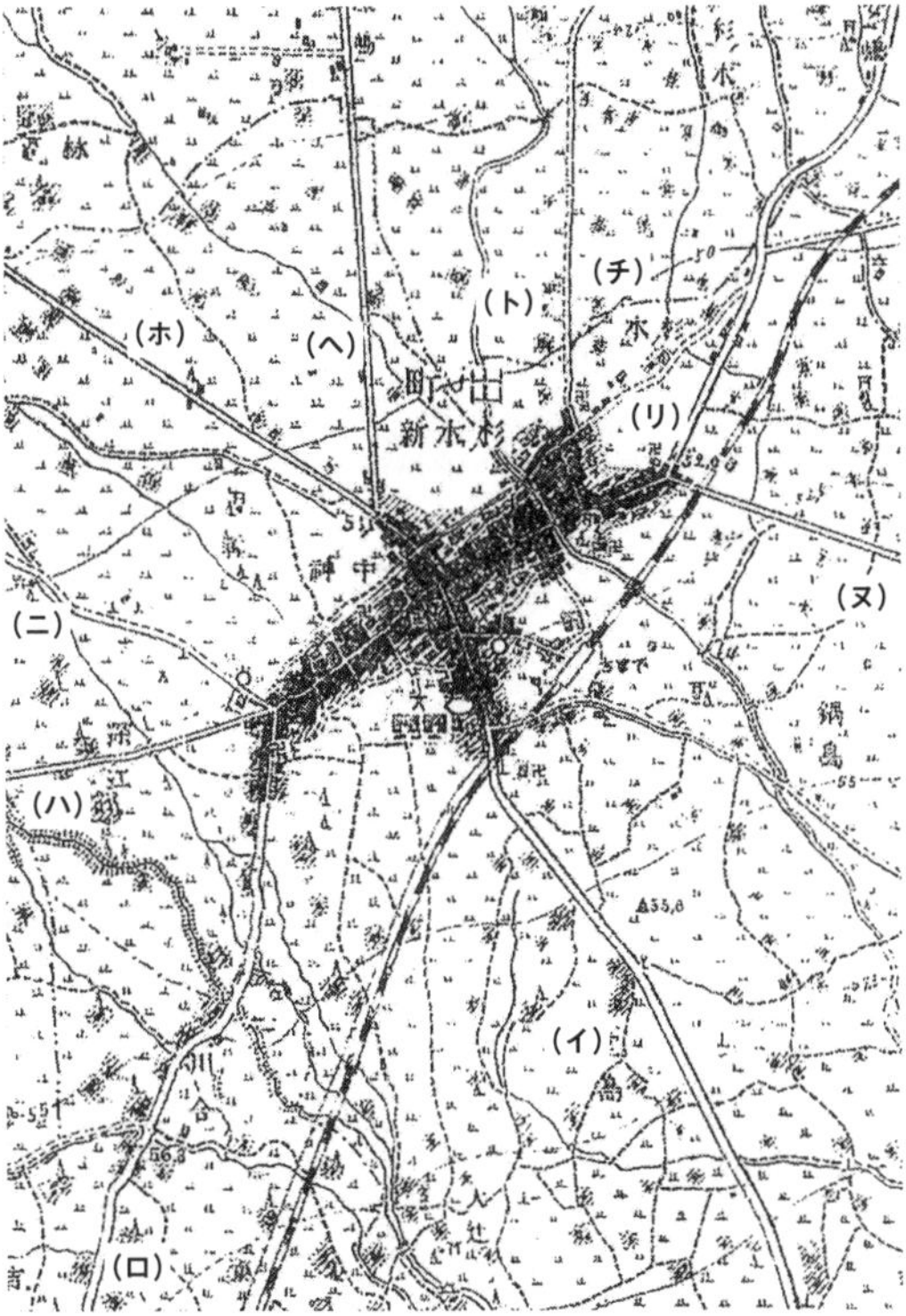

（出所）金田、2021年（明治42年地形図に加筆）

に拡幅される場合があった。

富山県では、この間の明治二〇年に、人が引く人力車一三六四台、荷車三二四三台、また、馬が引く荷馬車四台と乗合馬車一一台などの車両があった。明治末の同四五年には、人力車・荷車・荷馬車・乗合馬車がそれぞれ、一二九二台、二〇七五四台、二二三〇台、一六台となり、ほかに自転車が二九六一台であった。人力車は減少しているが、荷車・荷馬車は著しく増加した。道路整備はこの動向と対応していたとみられる。

仮製二万の図式を受け継いだ、大日本帝国陸地測量部発行の二万分の一地形図（「正式二万」と略称、明治四〇年ごろ以後）では、道路を「国道、県道、里道」に分け、里道をさらに「達路、聯《れん》路、間路」に区分している。

東京付近では、乗合馬車と馬車鉄道は急速に盛行したが、衰退もまた急激であったことは前項ですでに述べた。しかし、馬に荷車を引かせる荷馬車は、農村地帯を中心にその後長く利用された。第二次世界大戦後においてもなおしばらくは、荷馬車が木材などの重量物の運搬に使用され、荷馬車運用が職業、ないし農家の副業として成立していた。

私事になるが、筆者は富山県の農村地帯で生まれ育った。小学校に通い始めたのは昭和二七年（一九五二）のことであった。

その頃、細長い車体で大きな車輪の荷馬車だけが、村の神社の前を通る道の道脇の小屋に置かれていた。朝、馬だけが連れられてきて荷馬車に取り付けられたり、夕方、馬を外して連れ帰ったりする光景を見た記憶がある。後で知ったことであるが、私が生まれ育った農村地帯では、道が狭くて荷馬車の車両を農家まで通すことができる道が少なかったのである。散村の個々の家への道は、しばしば徒歩でしか通れなかったからであった。

筆者が通った小学校への通学路にも、近道である細いあぜ道の部分があり、途中に農耕馬を飼っている農家があった。長い顔が馬小屋からのぞくと、そのあぜ道に十分届きそうに思えたので、馬が見えないタイミングを見つけて駆け抜けたことを思い出す。

このような道の状況は、一九五〇年代前半の日本の農村地帯では、依然として一般的な様相であった。多くが曲がった道であり、狭い道であった。しかしいずれも、筆者にとっては記憶の中の道であり、現代から見てきわめて近い過去の情景であった。

その頃、通学路の途中で交差する、広くて（当時の感覚）ほぼ真っ直ぐな「県道（新しく建設された県道）」があって、いつの頃か（小学二、三年生か）ボンネット型のバスが走っていた。しかし、その道は砂利敷（礫敷道、マカダム法か）で非常に歩きにくい道であった。さらに何年か経って自転車に乗ることができるようになってからは、その道で砂利にハンドルをとられて、何回か倒れそうになった。

しかもその県道は、小さな中心集落の町並みに入ると、街路がバスの幅ギリギリの広さであったように見えた。バスに乗っていると、そのバスの窓付近が、左右の家並みの軒先に当たりそうだった記憶がある。農村地帯の道や小さな町の街路は、まだまだ旧態依然という状況だったと思う。

3　道と街に変化をもたらした鉄道

道の上を走る電車

琵琶湖と京都を結ぶ運河、琵琶湖疏水は、今や観光スポットとなっている。その第一疏水は明治二三年（一八九〇）に完成し、翌年第二疏水が開通した。当時の京都府知事北垣国道《くにみち》が計画を推進し、田辺朔郎《さくお》らの技術者が関わったことはよく知られている。鴨川と琵琶湖の標高差を蹴上《けあげ》（京都市左京区）のインクライン（急勾配鉄道《きゅうこうばいてつどう》）で結び、船を引き上げる計画には、水車動力の利用が構想されていた。

しかし、技術者らの北米視察の後、最新の水力発電を導入することに計画を変更した。明治二四年には、蹴上《けあげ》発電所（現在は関西電力）が電力供給を始め、インクラインの舟を乗せた台車の引き上げ電力を供給した。さらに、蹴上第二・第三発電所と、琵琶湖疎水下流部に夷川《えびすがわ》発電所が建設された。

余剰電力の使用を目指して、明治二六年には京都電気鉄道（京電と略）によって電車軌道の敷設願いが出され、工事が始まった。同二八年二月に、まず東洞院塩小路下ル（京都駅近く）——伏見下油掛（京橋）が開業し、四月には七条の「京都ステンショ」（七条停車場、現京都駅前）から岡崎の博覧会場の南を経て、南禅寺橋に至る路面電車（京都電気鉄道〈京電〉、のちに京都市電と合併）が運行された。同年には、南禅寺西北の岡崎一帯において第四回内国勧業博覧会が開催され、博覧会への乗客を乗せた（写真4－1参照）。

京電は日本最初の商業路面電車であり、電力はすでに述べたように蹴上発電所などから供給された。電車は狭軌で車両定員三八人、時速一〇キロであったが、博覧会の初日だけで二三七〇人が利用したという。明治二八年、京電によって、市街の道を日本最初の路面電車が走ったのである。運行当初は、電圧が不安定であったことによる立ち往生や、馴染みがなかった街路での乗降や走行による混乱もあったが、やがて大都市では路面電車が盛行するこ

写真4-1　蹴上第二発電所と京電

（出所）京都府立京都学・歴彩館

ととなった。

　一方、明治四五年には、京都市営電気鉄道が営業を開始した。これは広軌で、車両定員は四八名であった。大正六年（一九一七）まで京電との競合が続いたが、同七年に市電が京電を合併した。

　東京では、明治三六年に東京電車鉄道株式会社（旧馬車鉄道会社）が品川—新橋間で電車運転を開始した。ついで新橋—上野間も開通した。さらに同年、東京市街鉄道株式会社も数寄屋橋—神田橋間、ついで日比谷—半蔵門間の営業を始めた。翌年、東京電気鉄道株式会社（前身は川崎電気鉄道株式会社）も土橋—御茶ノ水間で営業を開始した。このようにして、東京では明治三〇年代後半に、この三社が競合する路面電車の時代が始まった。

鉄道の時代

東京の場合これより少し前、明治に入ると乗合馬車と人力車に加えて、馬車鉄道が盛んになっていたことはすでに述べたが、路面電車より早く、馬車鉄道と相前後して蒸気機関による鉄道（陸《おか》蒸気とも）が登場した。

蒸気鉄道は、明治五年にまず品川―横浜間が仮開業の後、新橋（後の汐留貨物駅）―横浜間が同年一〇月一四日に開業式、翌日から営業開始、という形で開通していた。ついで、政治的な目論見《もくろみ》によって長距離の鉄道敷設、特に東京―京都間の鉄道建設が重要課題となった。

明治一六年（一八八三）、中山道鉄道公債条例によって、中山道経由の鉄道建設がいったん決定された。しかし、この路線の将来性に疑問を持った鉄道局長井上勝は、当時の内閣総理大臣伊藤博文を説得し、同一九年に、計画ルートが中山道経由から東海道経由へと変更された。

ただし、東海道経由の工事には難関があった。国府津―沼津間の急坂のある箱根越え（御殿場経由の迂回ルート）と、富士川・安部川・大井川・天竜川などの大河川の架橋などが問題であった。課題を抱えつつも工事は各所で並行的に進められ、明治二二年七月一日に新橋—神戸間の全線が開通した。ただし後述のように、大津—長浜間は琵琶湖の汽船での連絡であった。

長距離鉄道とともに、東京の市街路面電車の営業も拡大し、近郊の鉄道路線の建設も進んだ。明治時代には、亀戸—伊勢崎、立川—青梅、国分寺—東村山の地方鉄道会社が開業し、路面電車も先に述べた三社のほかに、川崎—鈴ヶ森、飛鳥山—大塚、渋谷—玉川各路線の軌道会社（路面電車中心）が開業した。国鉄電車区間（山手線の前身）の部分的開通も進んだ。

さらに大正時代には、池袋—飯能、蒲田—池上、拝島—武蔵五日市、目黒—丸子、丸子玉川—神奈川などの地方鉄道会社が開業し、押上—江戸川、高砂—柴又、錦糸町—小松川、笹塚—調布などの軌道会社も開業した。大正一四年には山手線の循環運転が始まった。

東海道線の開通をはじめ、東京の郊外鉄道と路面電車の発達などにより、乗合馬車・馬車鉄道に代わって、陸蒸気と市街路面軌道の鉄道が、近代を代表する新たな交通手段の軸となった。

鉄道駅が都市の玄関に

明治九年（一八七六）に大阪―京都間の鉄道が開通すると、京都大宮通に仮停車場（現「梅小路公園」付近）が設けられ、翌年には「七条（京都）駅」（京都ステンショ、八条坊門〈七条通と八条通の中間の小路〉付近）の初代駅舎が開業した。明治一〇年には京都―神戸間が全通し、京都―大津間は、同一一年に着工された。馬場（現在のＪＲ膳所《ぜぜ》駅付近）でスイッチバックして大津（後の京阪浜大津駅付近、大津―長浜間は琵琶湖水運で連絡）に至るルートが、まずは支線として、次いで本線として正式開業した。すでに述べたように、明治二二年には新橋―神戸間が全線開通し、いわば鉄道の時代に入った。

もともと京都駅付近には、平安京以来の七条大路（七条通付近）・塩小路・八条坊門小路・梅小路・八条大路（八条通付近）の東西道が北から南へと平行して、それぞれほぼ一二〇メートル間隔で存在していた。この平安京の街路との関係で表現すれば、鉄道路線がほぼ八条坊門小路の位置を東西に走り、その北側の塩小路との間に駅舎があったことになる。

なお、この塩小路は現在の木津屋橋通付近（旧東塩小路町）であり、現在の塩小路通は、本来の塩小路と八条坊門小路との中間を東西に走っている。また、駅舎の正面付近から北へ

図4-8　京都の駅前広場と駅前通り

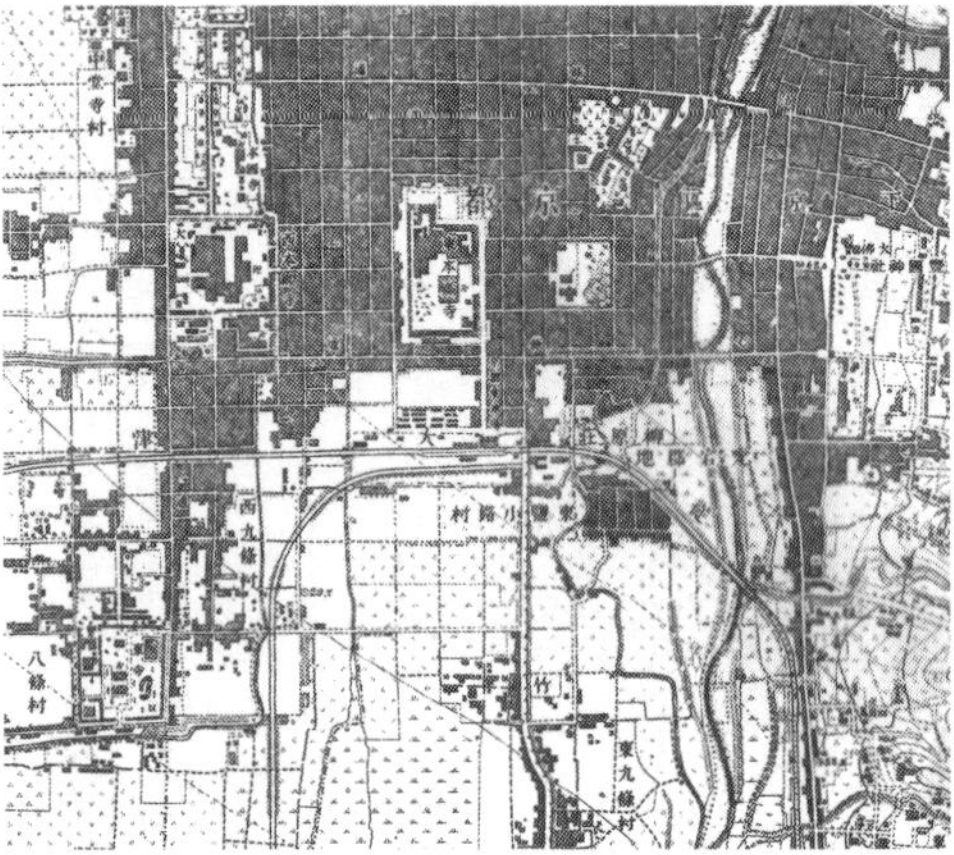

（出所）二万分の一仮製地形図「伏見」

は、烏丸通（平安京の烏丸小路）が延びていた（図4－8参照）。

　ところで京都では、前章で紹介したように、明治一七年（一八八四）に地籍図が作製され、それをもとに大正元年（一九一二）に地籍図集が刊行された。同図集に納められた地籍図では、七条通・塩小路通・烏丸通に路面電車が表現されており、塩小路通の南側一帯が「七条停車場」となっていた。

　東京駅開業と同年の大正三年八月一五日、二代目の京都駅舎が完成し、鉄道路線は一三〇メートルほど南へ移され、梅小路付近を東西走していた。

　この時同時に、南へ移転した京都駅の

北側に広場が整備されたことに注目したい。この駅前広場は、南北がほぼ塩小路通―八条坊門小路間の約一二八メートル、東西がほぼ東洞院大路（東洞院通）―西洞院大路（西洞院通）間の約五二二メートルであった（旧道路敷を含むので東西・南北が町の距離とは異なる）。

つまり、鉄道駅が都市の新しい玄関口となり、駅前広場を整備して新たな機能を付加したのである。烏丸通もまた、北方の京都御所への御幸道路として拡幅されたが、その工事は駅前広場に先行し、明治二五年の仮製二万分の一地形図の段階では、すでに駅前から六条大路（六条通）まで（約七〇〇メートル間）の拡幅が完了していた。

この状況は、駅前に広場と駅前通が建設された、と表現することができる。形態はさまざまであるが、このころから多くの都市で駅前広場と駅前通が整備され、近代都市の玄関口ないし、都市の中心街の基本的な構造となった。

大阪においても、すでに町通りと筋の機能が入れ替わった例として紹介したように、明治七年に神戸―大阪間の鉄道開通とともに駅ができたキタの梅田と、明治一八年に阪堺《はんかい》鉄道の駅が設置されたミナミの難波が、いずれも新しい都市玄関口となった。

この段階において、東西の町通は基本的に四・三間（七・八メートル）幅のままであり、もともと南北の筋より広かった。近世以来の大坂の中心であった船場・島之内の市街は、本町通をはじめとする東西方向の街路が中心であった。

ところが大正八年（一九一九）、当時の池上大阪市長が梅田—難波両駅前間の御堂筋の拡幅を計画し、次の関市長によって実施された。梅田と難波の両駅を結ぶ御堂筋は、それまで幅三・三間（六メートル）であったものが、二四間（四三・六メートル）に拡幅された。

この結果、都市構造が変化し、上町台地上の大坂城に向かう本町通などの東西の町通を軸としていた市街の構造が、キタとミナミを結ぶ南北方向の街路をメインストリートとすることになったのである。駅前通りがメインストリートとなった典型的な例である。

鉄道の時代は道路にも変化を及ぼし、都市構造にも大きな影響をもたらしたことになる。

車社会と「駅」の意味の復権

本書で述べてきたように、道路の機能や形状という点では、日本の道はもともと徒歩の道で、軟らかい路面であった。管理の面では、古代における国家管理の規格的な直線状の官道網から、中世における実用的な利用を中心とした道へと変化し、一元的国家管理は行われなくなった。しかし、織豊期には支配者による整備の例が出現し、近世には再び国家政策的な管理体制ができた。ただし、道幅は古代官道よりはるかに狭く、直線状であった道も湾曲・屈曲の多い状況となった。

　このように道幅や形状の変化はあったが、古代から近世を通じて、徒歩に適した路面の軟らかい道が普通であった。ただし例外的に牛が曳く、古代の牛車や中近世の荷車があり、近世においては、部分的に舗装された「車道《くるまみち》」が整備される場合があった。

　近世には、車道をはじめ、河川・峠などにおける整備された橋や路面があった一方で、政策的に設定された箱根や大井川など、峠や渡河地点における難所があった。交通路網の変遷の全体的な流れから見れば、部分的に挿入されたエピソードであり、趨勢ではなかった。

　近代に入って、急激な馬車の時代の到来に応じて砂利などによる舗装が始まり、短期間の馬車・荷車時代を挟んで、ほどなく自動車の道、舗装道路へと、目まぐるしい変化を経験した。近代にはこのようにして、日本でも道の利用の中心が徒歩から車両へと変化し、それに合わせた道路整備も行われた。

　一方、近代は鉄道展開の時代でもあり、鉄道網は大きく拡大した。鉄道駅には駅前広場や駅前通りが整備されて、都市構造の中核となった場合も多かった。現代社会では鉄道の高速化が進み、また新幹線（標準軌＝広軌の高速鉄道路線）も登場し、市街地では地下鉄が発達した。

ただし、自動車の広範な普及とともに鉄道路線の淘汰も進んで、人口減少地域や農山村地域などにおける廃線も発生している。とはいえ、鉄道の重要性は、地下鉄も含め都市内部や近郊では依然として大きく、大都市間の高速鉄道とともに重要性はむしろ増大しているとみられる。

一方、自動車の発達も著しく、急速に高性能化が進み、それに合わせて道路の舗装・整備が進んだ。現代では、高速自動車専用道（高速道路）網も展開し、車社会と称される状況に至っている。

このような変化の中で、面白いことに「駅」の用語の使われ方も変容した。駅は古代日本においては官道の「駅」、駅制の「駅」であり、近世では宿駅の「駅」でもあった。ヨーロッパ世界でも、例えば駅馬車の「駅」などであったが、鉄道時代の到来とともに、「駅」は鉄道の停車場を意味することとなった。

しかし現代日本では、限定の修飾語付きであるが、「道の駅」として「駅」の語が道路に復帰している。道の駅は自治体と道路管理者が連携して設置し、平成五年（一九九三）から正式に建設省（現在は国土交通省）によって登録されている、商業・宿泊・給油などの施設ないし施設群である。

名称に過ぎないとはいえ、道路と鉄道、あるいは鉄道と道路の役割が変化してきた時代の流れを反映する一例であろう。

おわりに

日本における道の歴史について、小著では具体的事例に即して述べるように努めてきた。筆を擱くに際して、その全体を見渡した感想を加えることをお許しいただきたい。

古代においては計画的に建設された直線道が広く出現した。そのパターンには、大きく二種類があった。一つは畿内の大和や、摂津・河内と大和を結ぶ計画道に多い東西・南北方向の直線道であり、藤原京から平安京にかけての各京域内の方格街路とその延長も同様であった。

それに対して七道諸国の官道にもやはり計画的な直線道が多いものの、方位を規定していたのは、まず地形条件であった。直線道の方向は、平野に張り出した山麓や、山地を超える峠を目指して、目的地点を結んだ直線が、折れ線状に続くパターンが多く、方位は多様であった。

この二つのパターンは主として、中国大陸の影響を受けて建設された宮都の中の街路や、それら宮都を結ぶ場合と、都と七道諸国を結ぶ場合とに生じていたが、いずれの場合も直線道優先であったことは共通する。古代の律令国家が、当時の唯一の政治権力であり、それがこれらの直線道の計画・建設を可能にしたのであろう。これは日本における道路建設の第一段階ととらえることができる。

古代の幅広い直線道の多くは中世ごろに、幅の狭い湾曲した道へと変化した。第二段階である。この時期には平安京とその周囲へ延びる道に典型的にみられるように、本来の道路敷の多くが田畑や屋敷地に化した。道路の建設・管理をしてきた律令国家が弱体化・変質して、それが維持されなくなったことが主因の一つであろう。鎌倉のようにごく一部に直線道も計画されたが、中世末にかけて政治権力は地域的分断の状況を強め、全国の道路網の統一的な管理は行われなかった。戦国時代を経た織豊期には、やや広域にわたる道普請が行われたが、織田信長の場合でも道幅は、広くて六メートル強であった。

第三段階となる近世では、宿場町などを伴った街道・脇街道として全国的に整備された。しかし道路網自体は、狭く湾曲した道の形状や、相対的に狭い道幅が標準となり、その維持・改修が中心であった。近世の城下などでは新しい計画による道も建設されたが、個々の城下建設の意図に対応して、街路自体は、概して狭く、屈曲した形状であった。これが、やがて近代に至った時期の道である。

このように建設される道の性格が歴史的に変遷し、また繰り返して改修されつつ利用され続けた道が多かったことは、日本における道の一つの特徴であろう。もう一つの特徴は、本文で指摘したように日本の道のほとんどが、草鞋の歩行に適した、軟らかい路面の道が基本であったことであろう。牛に引かれた荷車などが通る舗装された車道《くるまみち》は、輸送量の多い都市周辺や傾斜地などに限られ、京周辺などの僅かな地点でみられたに過ぎない。

さらに第四段階は、近代における鉄道建設・道路整備であり、それらに伴う旧来の道の拡幅と新しい道路網の建設、そして硬い路面の舗装道路への転換であった。これには近代国家の統一的な道路政策があった。

続く第五段階は、自動車専用道路の出現をはじめとする現代の車社会の道路である。

これらの道はいずれの時代においても、いずれの段階であっても、何らかの目的地があって利用された。小著では全く触れなかったが、このほかに道の広狭を問わず、散歩道・散策路として利用される道がある。散歩・散策は本来、ぶらぶらと歩くこと自体が目的であり、特定の目的地のない道の利用法である。人によっては気に入った風景を眺めたり、好みの喫茶店へ立ち寄ったりするかもしれないが、それは散歩・散策に付加された目的であろう。これに加えて現在では、環境省が計画し、都道府県とともに整備した自然歩道もあるが、これは主としてハイキング用であり、長距離であるものの、やはり散歩道の延長とみるべきであろう。

いずれにしても道にはさまざまな形状・様相があり、人々の生活や、政治・経済・社会・技術などの変化・進展とともに、変わり続けてきた。小著ではその状況を語る資料を探し、それを眺める作業を続けてきたが、十分であったかどうかは心もとない。ここで第一～第五段階とした変遷も感想の域にとどまり、その背景についてさらに検討を加える必要があろう。これからもさまざまな変化が続くと思われる。とりわけ空路の進展・変化は著しいが、その全貌を眺める余裕は残されていない。

小著についてもまた、日経ＢＰの桜井保幸氏にお世話になった。草稿に目を通していただいて、さまざまなご指摘をいただいた。末筆になるがお礼を申し上げたい。

二〇二四年二月

比叡山麓の寓居にて　　金田章裕

参考文献（単行本中心に掲載）

史料集（複数章に共通する史料集）

『続日本紀』、『日本後記』、『日本三代実録』、『吾妻鏡』、『日本紀略』、『類聚国史』、『令義解』、『令集解』、『延喜式』 新訂増補国史大系、吉川弘文館刊
『日本書紀』、『万葉集』、『太平記』 日本古典文学大系、岩波書店刊
『大日本古文書、編年』、『大日本古文書、家わけ、東南院文書』、『日本荘園絵図聚影』 東京大学史料編纂所編、東京大学出版会刊
『図書寮叢刊 九条家文書』 宮内庁書陵部編、明治書院刊

第1章

碓井小三郎編『京都坊目誌』平安古考学会、一九一五年
ルイス・フロイス（柳谷武夫訳）『日本史』（東洋文庫）、平凡社、一九六三年
新城常三『鎌倉時代の交通』吉川弘文館、一九六七年
奥野高広・岩沢愿彦校注『信長公記』角川文庫、一九六九年
奥野高広『織田信長文書の研究』吉川弘文館、一九六九年
矢代和夫・加美宏校注『梅松論・源威集』現代思潮社（新撰日本古典文庫）一九七五年（復刊）
大曽根章介校注「新猿楽記」『日本思想大系8 古代政治社会思想』岩波書店、一九七九年
阪倉篤義・本田義憲・川端善明校注『今昔物語集 本朝世俗部一～四』新潮社、一九七八年～一九八四年
藤岡謙二郎編『古代日本の交通路Ⅰ～Ⅳ』大明堂、一九七八～九年

戸田芳実『中右記—躍動する院政時代の群像』そしえて、一九七九年
阿部正道『かながわの古道』神奈川合同出版（かもめ文庫）、一九八一年
足利健亮『日本古代地理研究』大明堂、一九八五年
足利健亮「山陽・山陰・南海三道と土地計画」（稲田・八木編『新版古代の日本4　中国・四国』角川書店、一九九二年）
金田章裕『古代日本の景観』吉川弘文館、一九九三年
野間光辰『雍州府志』臨川書店、一九九四年
金田章裕「南海道」（木下良編『古代を考える　古代道路』吉川弘文館、一九九六年）
佐藤進一・池内義資『中世法制史料集一　鎌倉幕府法』岩波書店、二〇〇一年
黒川道祐・宗政五十緒『雍州府志』岩波書店、二〇〇二年
金田章裕『古代景観史の探究』吉川弘文館、二〇〇二年
古代交通路研究会編『日本古代道路事典』八木書店、二〇〇四年
金田章裕『大地へのまなざし』思文閣出版、二〇〇八年
金田章裕『古代・中世遺跡と歴史地理学』吉川弘文館、二〇一一年
島方洸一（編集統括）『地図で見る西日本の古代』・『地図で見る東日本の古代』平凡社、二〇〇九・二〇一二年
金田章裕「律令国家の京と国々—人・モノ・文化・情報」（蔵中しのぶ編『古代の文化圏とネットワーク』竹林舎、二〇一七年）
榎原雅治・小瀬玄士校訂『兼宣公記　1』八木書店（史料纂集古記録）二〇一八年
金田章裕『古代国家の土地計画—条里プランを読み解く』吉川弘文館、二〇一八年

第2章

坂本太郎「辻子について」、『史学雑誌』三九―四、一九二八年
佐竹昭広・久保田淳校注『方丈記・徒然草』岩波書店、一九五七年
西岡虎之助編『日本荘園絵図集成　下』八七、東京堂出版、一九七七年
矢守一彦『都市図の歴史―日本編』講談社、一九七四年
足利健亮『中近世都市の歴史地理』地人書房、一九八四年
金田章裕『条里と村落の歴史地理学研究』大明堂、一九八五年
足利健亮『日本古代地理研究』大明堂、一九八五年
岸俊男『日本古代宮都の研究』岩波書店、一九八八年
小松茂美編・解説『年中行事絵巻（日本の絵巻8）』中央公論社、一九八七年
小松茂美編・解説『一遍上人絵伝（日本の絵巻20）』中央公論社、一九八八年
直木孝次郎編『難波　古代を考える』吉川弘文館、一九九二年
新熊本市史編纂委員会編『新熊本市史　別冊第一巻　絵図・地図上　中世・近世』熊本市、一九九三年
金田章裕『古代日本の景観』吉川弘文館、一九九三年
東京大学史料編纂所編『日本荘園絵図聚影　二　近畿一（山城）』四八、東京大学出版会、一九九二年
京都市編刊『平安建都一二〇〇年記念　甦る平安京』一九九四年
金田章裕『古代荘園図と景観』東京大学出版会、一九九八年
吉村亨「洛中洛外図の風景」（足利健亮編『京都歴史アトラス』中央公論社、一九九四年）
金田章裕『古地図から見た古代日本　土地制度と景観』中公新書、一九九九年
金沢市史編さん委員会編『金沢市史　資料編18　絵図・地図』金沢市、一九九九年
足利健亮『地理から見た信長・秀吉・家康の戦略』創元社、二〇〇〇年

金田章裕『古代景観史の探究　宮都・国府・地割』吉川弘文館、二〇〇二年
小澤毅『日本古代宮都構造の研究』青木書店、二〇〇三年
井上和人『古代都城制条里制の実証的研究』学生社、二〇〇四年
山田邦和『京都都市史の研究』吉川弘文館、二〇〇九年
金田章裕『古代・中世遺跡と歴史地理学』吉川弘文館、二〇一一年
彦根市史編集委員会編『新修彦根市史（一〇）景観編』彦根市、二〇一一年
国立歴史民俗博物館・国文学研究資料館編『都市を描く―京都と江戸』人間文化研究機構連携展示、二〇一二年
高知市史編さん委員会編『描かれた高知市　高知市史絵図地図編』高知市、二〇一二年
京都文化博物館編刊『特別展　京を描く―洛中洛外図の時代』、二〇一五年
金田章裕『古地図で見る京都―「延喜式」から近代地図まで』平凡社、二〇一六年
中村太一『日本古代の都城と交通』八木書店、二〇二〇年
栄原永遠男『難波古代史研究』和泉書院、二〇二二年
金田章裕「街道と舟運の交わるところ」（京都学研究会編『京都を学ぶ（伏見編）』ナカニシヤ出版、二〇二二年）

第3章

蔀関月編『伊勢参宮名所図会』日本随筆大成刊行会、一九二九年
村川堅固訳『セーリス日本渡航記』十一組出版部、一九四四年
菅原孝標女著、玉井幸助校注『更級日記』朝日新聞社、一九七一年（初版一九五〇年）
玉井幸助・石田吉貞校注『海道記・東関紀行・十六夜日記』朝日新聞社、一九七七年（初版一九五一年）

高橋邦太郎訳『アンベール幕末日本図絵　上下（新異国叢書一四・一五）』雄松堂書店、一九六九・一九七〇年
斎藤信訳『江戸参府紀行（ジーボルト）』平凡社、一九七三年（一三刷）
石川松太郎校注『庭訓往来』東洋文庫、一九七三年
麻生磯路校注『東海道中膝栗毛（上・下）』岩波文庫、一九七三年
原田伴彦他編『日本都市生活史料集成』（全一〇巻）、学習研究社、一九七五年
大戸吉古・山口修編『江戸時代図誌14　東海道一』筑摩書房、一九七六年
岩井宏実・西川幸治・森谷尅久編『明治大正図誌12　近畿』筑摩書房、一九七六年
小林博・浅野喜市・足利健亮編『街道―生きている近世2』淡交社、一九七八年
戸田芳実『中右記―躍動する院政時代の群像』そしえて、一九七九年
川口久雄訳注『新猿楽記』東洋文庫、一九八三年
足利健亮『中近世都市の歴史地理』地人書房、一九八四年
小松茂美編・解説『一遍上人絵伝（日本の絵巻20）』中央公論社、一九八八年
京都市編『史料　京都の歴史11　山科区』平凡社、一九八八年
戸田芳実『歴史と古道―歩いて学ぶ中世史』人文書院、一九九二年
金田章裕『微地形と中世村落』吉川弘文館、一九九三年
小林芳規・武石彰夫ほか校注『梁塵秘抄・閑吟集・狂言歌謡』岩波書店、一九九三年
森正人校注『新日本古典文学大系　今昔物語集　五』岩波書店、一九九六年
秋里籬島『東海道名所図会』（復刻版）羽衣出版、一九九九年
門脇禎二・朝尾直弘編『京の鴨川と橋―その歴史と生活』思文閣出版、二〇〇一年
金田章裕「平安時代の山科―条里と古道」、山科本願寺・寺内町研究会編『掘る・読む・あるく　本願寺と山科二千年』法蔵館、二〇〇三年

国絵図研究会編『国絵図の世界』柏書房、二〇〇五年
金田章裕『大地へのまなざし』思文閣出版、二〇〇八年
大津市歴史博物館編・刊『車石―江戸時代の街道整備』、二〇一二年
金田章裕・上杉和央『日本地図史』吉川弘文館、二〇一二年
眞念著、稲田道彦訳注『全訳注　四国遍禮道指南』講談社学術文庫、二〇一五年
金田章裕『古地図で見る京都―「延喜式」から近代地図まで』平凡社、二〇一六年
五十嵐敬喜ほか編著『回遊型巡礼の道　四国遍路を世界遺産に』株式会社ブックエンド、二〇一七年
愛媛大学四国遍路・世界の巡礼研究センター編『四国遍路の世界』ちくま新書、二〇二〇年、
金田章裕「洛中から洛東へ」（京都学研究会編『京都を学ぶ（洛東編）―文化資源を発掘する』ナカニシヤ出版、二〇二一年）
金田章裕『地形で読む日本―都・城・町は、なぜそこにできたのか』日経プレミアシリーズ、二〇二一年

第4章

陸地測量部、参謀本部陸軍部測量局『仮製二万分の一地形図』一八八四〜九〇年
大戸吉古・山口修編『江戸時代図誌14　東海道一』筑摩書房、一九七六年
赤井達郎『江戸時代図誌16　東海道三』筑摩書房、一九七六年
児玉幸多・芳賀登編『江戸時代図誌10　中山道一』筑摩書房、一九七七年
吉原健一郎「東京の都市交通」、前田愛・小木新造編『明治大正図誌2　東京（二）』筑摩書房、一九七八年
土方定一・坂本勝比古編『明治大正図誌4　横浜・神戸』筑摩書房、一九七八年
原田勝正・田村貞雄編『明治大正図誌9　東海道』筑摩書房、一九七八年
梅棹忠夫・森谷尅久編『明治大正図誌10　京都』筑摩書房、一九七八年

岩井宏美・西川幸治・森谷尅久編『明治大正図誌12　近畿』筑摩書房、一九七九年
富山県編刊『富山県史　史料編Ⅵ　近代上』一九七八年
富山県編刊『富山県史　通史編Ⅴ　近代上』一九八一年
京都市編『史料　京都の歴史11　山科区』平凡社、一九八八年
砺波市史編纂委員会編『砺波市史資料編3　近現代』砺波市、一九九三年
日本国有鉄道編『日本国有鉄道百年史（第一編、第一・二巻）』成山堂書店、一九九七年（復刻版）
金田章裕「明治時代の道路建設―砺波郡出町付近の事例」『砺波散村地域研究所研究紀要』三八号、二〇二一年

金田章裕 きんだ・あきひろ

１９４６年富山県生まれ。京都大学名誉教授。京都府立京都学・歴彩館館長。京都府公立大学法人理事長。砺波市立砺波散村地域研究所所長。専門は人文地理学、歴史地理学。69年京都大学文学部卒、74年同大学大学院文学研究科博士課程修了。94年同大学文学部教授、２００１年副学長、04年理事・副学長、08年大学共同利用機関法人・人間文化研究機構・機構長を歴任。著書に『古地図からみた古代日本』『文化的景観』『景観からよむ日本の歴史』『地形と日本人』『地形で読む日本』ほか多数。

日経プレミアシリーズ｜510

道《みち》と日本史《にほんし》

二〇二四年三月八日　一刷

著者　金田章裕
発行者　國分正哉
発行　株式会社日経BP
日本経済新聞出版
発売　株式会社日経BPマーケティング
〒一〇五―八三〇八
東京都港区虎ノ門四―三―一二
装幀　ベターデイズ
組版　マーリンクレイン
印刷・製本　中央精版印刷株式会社

ISBN 978-4-296-11983-7　Printed in Japan

日経プレミアシリーズ 404

可動域を広げよ

齋藤 孝

長い人生、何をして過ごしますか？ 日がな家でごろごろするか、次々とやりたいことが見つかるかは、あなたの心掛け次第。好きなものを書き出してみる。得意分野をじわり広げる。偶然の出会いを見逃さない――。“痛《いた》気持ちいい”を楽しむ、人生100年時代の生き方・学び方。

日経プレミアシリーズ 420

お殿様の人事異動

安藤優一郎

お国替えという名の大名の異動が繰り返された江戸時代。御家騒動や世継断絶から、職務怠慢、色恋沙汰や酒席の狼藉まで、その理由は多岐にわたる。大名や家臣たちはその都度、多大な苦労を強いられ、費用負担などもただならぬものがあった。将軍が大名に行使した国替えという人事権、幕府要職者にまつわる人事異動の泣き笑いを通して読み解く歴史ノンフィクション。

日経プレミアシリーズ 432

日本史ひと模様

本郷和人

今こそ「学問としての日本史」と「エンタメとしての日本史」を繋ぐ努力が必要なのだ――最新の研究に時事的なトピックを絡め、「地位」より「人、血統」を重んじてきたこの国で、歴史に名を残す人たちが時代といかに切り結んだかを自在に、大胆に考察。日本史のダイナミズムを堪能できる珠玉のコラム集。

日経プレミアシリーズ457

絶品・日本の歴史建築
［東日本編］

磯 達雄・宮沢 洋

あまりにぜいたくすぎる日本初の西洋風宮殿建築「迎賓館赤坂離宮」、日本オタクのイギリス青年が手掛けた「旧岩崎久彌邸」、バベルの塔のようならせん建築「会津さざえ堂」、建築というよりまるで美術品のような「中尊寺金色堂」……。北海道・東北・関東・中部、東日本に点在する名建築の味わい方を、建築雑誌出身、目の肥えた二名の著者が文章とイラストで紹介します。

日経プレミアシリーズ444

絶品・日本の歴史建築
［西日本編］

磯 達雄・宮沢 洋

リノベーションの繰り返しで驚異の造形をつくり上げた「桂離宮」、急な断崖に絶妙なバランスで建立され９００年も保持される「三仏寺投入堂」、「たかが住居跡」と舐めてかかると度肝を抜かれる「吉野ケ里遺跡」……。西日本に点在する名建築の味わい方を、建築に目の肥えた二名の著者が、文章とイラストで紹介。読めば旅行が楽しくなり、読めば旅行せずとも楽しめます。

日経プレミアシリーズ445

伊勢物語　在原業平　恋と誠

髙樹のぶ子

平安の歌人・在原業平の一代記を日本で初めて小説化した作家が、政から遠ざかり「みやび」に生きた高貴な血筋の男の人間力を、数々の女性との恋や、男たちとの垣根を越えた交誼から解き明かしていく。思うにまかせぬことをも愉しみながら生き抜いた業平の生涯は、時代の転換期を生きる私たちに多くの気づきを与えてくれる。

日経プレミアシリーズ 487

地図から消えるローカル線

新谷幸太郎

鉄道開通から150年。全国の鉄道は大きな岐路に立たされている。鉄道会社の経営は厳しく、都市部の黒字が支えてきたローカル線の多くは事業継続が限界を迎えつつある。ごく一部の住民にしか利用されない交通機関でいいのか。歴史の証人でもある鉄道を通して公共交通とインフラの将来を考える。

日経プレミアシリーズ 501

ほんとの野菜は緑が薄い

「自然を手本に生きる」編
河名秀郎

虫がつく野菜は本当においしいのか、有機マークが付いていれば農薬の心配はないのか、「無添加」表示があれば安全なのか。数ある情報の中からほんものを見分けるには？　農薬も肥料も使わない「自然栽培野菜」の普及に携わり続けた著者が語る、食を取り巻く衝撃の事実。そして、自然の野菜に学ぶ真のナチュラルライフ、心地のいい暮らし方とは。

日経プレミアシリーズ 509

サバの味噌煮は、ワインがすすむ

小泉武夫　真藤舞衣子

白ワインと合わせる俺流サバの味噌煮、魚も肉もソーセージもなんでもござれの無敵の粕漬け、熱燗に合わせるネバネバーダ豆腐、ウイスキーと好相性のクルミの飴煮……発酵学者・小泉武夫センセイが自らの厨房「食魔亭」で作り上げる季節の料理67品を取り上げた垂涎必至のエッセイ。日本経済新聞の長寿連載を新書化。

日経プレミアシリーズ　438

地形と日本人

金田章裕

私たちは、自然の地形を生かし、改変しながら暮らしてきた。近年頻発する自然災害は、単に地球温暖化や異常気象だけでは説明できない。防災・減災の観点からも、日本人の土地とのつき合い方に学ぶ必要がある。歴史地理学者が、知られざるエピソードとともに紹介する、大災害時代の教養書。

日経プレミアシリーズ　467

地形で読む日本

金田章裕

立地を知れば歴史が見える。都が北へ、内陸へと移動したのはなぜか。城郭が時には山の上に、時には平地に築かれた理由。どのようにして城下町が成立し、どのように都市が水陸交通と結びついていったのか。地形図や古地図、今も残る地形を読みながら、私たちがたどってきた歴史の底流を追う。大好評の歴史地理学入門第2弾。

日経プレミアシリーズ　489

なぜ、日本には碁盤目の土地が多いのか

金田章裕

私たちが目にする日本の土地は、正方形や長方形が多い。それは市街地でも農地でも同じで、多くの街路や畦道は碁盤目状になっている。しかし、世界を見渡せば、三角形やひも状など、さまざまな形の土地がある。なぜ、日本は碁盤目の区画を志向するのか。好評の歴史地理学入門第3弾。